달리기를 할

_____

단단하고 넓어진다

**인생에
달리기가**

**필요한
시간**

인생에
달리기가
필요한
시간

최고의 나를 만드는
놀라운 러닝 습관의 힘

권은주 지음

400

200

트랙

인생을 살아가다 보면

마음 같지 않은 일들이 있습니다.

열심히 하지만

결과가 바로바로 눈에 드러나지 않고

머릿속이 복잡할 때

달리기를 해볼 것을

적극적으로 권합니다.

달리기를 한다고 해서
문제가 해결되지는 않습니다.

그러나 결정적으로
문제를 대하는 태도와 마음가짐이 달라집니다.

정신이 또렷해지고 마음이 맑아집니다.
복잡하던 생각이 단순하고 명쾌해집니다.
외면하고 싶던 마음이 강해집니다.

그러고 나면
해야 할 일을 차근차근 해나갈 수 있습니다.

한 발 한 발 내딛으며
마음에 단단한 뿌리가 되어줄
자기만의 대답을 찾을 수 있습니다.

지금, 당신의 인생을 바꿀
결정적 한 걸음을 내딛어보세요.

달릴수록
인생은 단단해지고
넓어진다

저는 달리기로 인해 삶이 달라졌다고 말하는 분들을 정말 많이 만납니다. 단지 취미로 시작했을 뿐인데 생활 전반이 놀라울 만큼 변화했다고 한 목소리로 이야기를 합니다.

그 힘은 도대체 어디에서 나오는 걸까요?

비교와 경쟁이 참 많은 시대입니다. 일에서도 관계에서도 더 나은 모습을 보이려고 너무 많이 애써야 합니다. 저마다의 자리에서 다들 최선을 다해 노력하고 있지만, 그것만으로는 어딘가 부족한 것 같고 무언가 놓치고 있는 것만 같다는 불안이 만연한 것 같습니다.

달리기를 배우러 오는 사람들 가운데도 일에서, 관계에서, 공부에서, 취업에서, 불안한 미래 때문에 마음이 혼란한 분들이 여럿 계십니다.

누구보다 쾌활하고 활기차 보였는데 실상 알고 보니 내밀한 불안과 좌절이 있던 분도 계셨습니다. 통제하기 어렵던 마음이 지금은 많이 안정되었다고 합니다. 결혼 후 갑작스럽게 찾아온 우울증을 극복했다는 분이 있는가 하면, 가족이 화목해졌다는 분들도 계시며, 중년의 나이에 만난 달리기가 삶의 전환이 되었다고도 합니다.

목표에 더 집중할 수 있는 정신력을 길렀다거나, 열심히 하지만 성과가 나지 않는 일들을 지속할 수 있는 유일한 힘이 달리기라는 분을 만나기도 했습니다. '달리다 보면 단순해진다'라며 환하게 말하던 그 분은 요즘 일이 잘 풀린다며 얼굴이 밝아졌습니다.

적당한 비교와 불안은 긍정적인 자극이 되어주고 앞으로 나아가게 만들지만, 그것이 과도하면 사람은 지쳐 나가떨어지고 맙니다. 달리기는 이 균형을 잡아주는 데 정말 좋은 운동이라는 것을 저 자신의 경험과 다른 많은 분들의 사례로 확인할 수 있었습니다.

"자기 몸을 사랑하세요."

저는 러닝을 즐기는 분들에게 첫 번째로 강조합니다. 저의 경험에서 우러나온 진심 어린 조언입니다.

1997년에 2시간 26분 12초로 한국 여자 마라톤 신기록을 세웠습니다. 그 전에 이미 5000m에서 신기록을 세웠지만 아무래도 풀코스마라톤 신기록이 오래도록 회자되고는 했습니다. 그 기록은 21년간 깨지지 않는 기록으로 남아 있었기에 더욱 그랬던 것 같습니다. 그러나 선수경력에 비해 마라톤 완주 경력이 많지는 않습니다. 고질적인 발목 부상이 저를 괴롭혔기 때문입니다.

3년이라는 시간 동안 두 번의 큰 수술과 병원치료, 재활운동으로 지난한 시간을 보내야 했습니다. 선수 은퇴시점까지도 크고작은 부상은 이어졌고 훈련을 꾸준히 할 수 없었습니다.

저는 제 몸이 하는 이야기를 무시한 채 반드시 해야 하는 휴식도 하지 않고 무작정 달리는 데만 심취했었습니다. 그것이 잦은 부상의 원인이라는 것을 간과한 채로요.

취미로서의 달리기와 마찬가지로 선수에게 있어서도 자기 몸을 사랑하며 달리는 것이 우선이었어야 했습니다. 인생이라는 여정에서 오래 즐겁게 달릴 수 있도록 적절한 휴식이 필요했습니다.

달리기를 가르치고 있는 지금, 예전의 저처럼 무작정 앞으로, 앞으로 달려나가며 불안한 날들을 지내는 사람들을 많이 만납니다. 그리고 놀랍게도 단지 달렸을 뿐인데 정신이 또렷해지고 마음이 맑아지며 생활이 달라졌다고 이야기하십니다. 제가 직접 가르치는 마라톤 클래스 외에도 전국의 행사와 기업을 대상으로 한 강의, 스포츠 브랜드 앰배서더 활동, 일대일 코치 등을 통해 긍정의 기운을 내뿜는 분들을 하루에만도 여러 분 만나며 이 굉장한 변화와 힘의 비결에 대해 더 많은 분들과 공유하고 싶었습니다.

그 이야기들은 저만 알기에는 너무도 보석 같고 때론 아름다워서 이 책에서도 주요하게 다루고 있습니다. 달리기가 제 인생을 변화시켰듯, 많은 분들의 삶이 달리기로 인해 앞으로 씩씩하게 나아가고 있습니다. 책을 읽는 분들께도 분명 힘이 되는 이야기일 거라 생각합니다. 또한 여러 분들께서 자주 하는 질문을 모아 답을 드리는 글도 마련하였습니다. 어렵지 않게 습득하여 실천하실 수 있으시기를 바라며 준비하였습니다.

달리기는 몸으로 하는 운동이지만 마음이 먼저라는 생각을 많이 하게 됩니다. 궂은 날씨에는 나가기가 싫기도 하고 목표로 하는 바가 있지만 하기 귀찮은 날도 반드시 오기 마련입니다. 그럴 때일수록 마음가짐을 제대로 갖추면 건강한 몸을 얻고 개운한 마음을 가지게 됩니다.

달린다고 해서 현실의 문제가 해결되지는 않습니다. 문제는 그대로 있지만 그것을 대하는 마음가짐과 태도는 분명히 바뀝니다. 결코 잃어버려서는 안 될 소중한 삶의 가치를 얻을 수 있습니다. 이 책에서 그런 마음과 태도에 대해 이야기를 하고 싶었습니다.

그리고 무엇보다, 자기 몸과 인생을 사랑하며 나아가는 일에 관해 이야기를 하고 싶었습니다. 이 책을 읽는 분들께서 달리기에 관심을 가지고 해보고 싶어진다면, 좋아하던 달리기를 더 좋아하게 된다면 좋겠습니다. 때로 너무나 좋아하는 일이라도 하기 싫을 때도 있지요. 그럴 때도 이 책이 한 걸음 더 내딛게 하는 활력이 되어주기를 바랍니다.

권은주

✳

✦――――――――――――――――✦

2.
작은 습관이 만드는
극적인 변화

✦――――――――――――――――✦

✳

3.
가능성과 미래를
확장한다

4.
길 위에서 배우는
삶의 지혜, 관계의 지혜

✳

한계를 극복하는 경험을 쌓아

단단한 마음을 형성하고

삶에 자신감을 획득합니다.

1.
어떻게
달리기로
성장하는가

인생이라는 마라톤에서
당신이 이루고 싶은
목표가 있습니까?

400

200

오늘 한 걸음이
당신의 가능성을 넓혀줄 것입니다.

사는 게
마음 같지 않다면
지금 해야 할 한 가지

성공은 하루아침에 이루어지지 않는다.
매일 조금씩 쌓아 올리는 노력들이 성공을 만든다.

_ 존 록펠러(John D. Rockefeller, 석유왕으로 불린 미국의 기업인)

동장군이 기세를 부리는 어느 겨울밤, 전화가 울렸습니다.

"감독님! 저 지금 감독님 동네에요!"

"이렇게 추운 날 배달하고 있구나!"

"오늘 같은 날에는 배달비 두세 배는 더 받을 수 있거든요."

"옷은 따뜻하게 입었어? 미끄러우니까 길 조심해."

평소에도 그의 부지런함에 커다란 존경을 보내고는 했지만
이 날은 그 마음이 더욱 커졌습니다. '존경한다'는 말을 하려던
찰나, 그가 말합니다.

"달리기가 있어서 다행이에요. 그리고 감독님이 계셔서 너

무 감사해요!"

그 말을 하고 싶어서 바쁜 배달 시간에 제게 전화를 걸었다고 합니다. 딸들 학원비 벌어야 한다고, 아내도 힘들게 일하는데 아빠니까 열심히 움직여야 한다고 말하는 그는 배우이자 러너입니다. 아직은 널리 알려져 있지 않은 무명배우이지만 조금씩 이름을 알려가고 있지요.

아무것도 하지 않으면서 현실을 부정하고 신세를 한탄하며 불만으로 가득한 사람들을 생각보다 쉽게 볼 수 있습니다.

'그때 만약 그랬다면'

'기회만 일단 오면'

'그 사람만 아니었다면'

'안 해서 그렇지 내가 하기만 하면'

갖가지 후회와, 자기부정과, 있지도 않을 일에 대한 상상과, 자신을 불쌍하게 여기는 자기연민으로 헛된 시간을 보내는 사람들도 많습니다.

그는 그러한 사람들 정반대편에 있습니다. 언제나 앞으로, 앞으로 나아가며 자신의 길을 스스로 만들어가고 상황을 변화시켜갑니다. 스포츠 선수들이 올림픽에서 금메달을 딸 수 있는 확률만큼이나 유명배우가 되는 길은 멀고도 험하겠지요. 노력도 운도 따라주어야 하는 일일 것입니다.

열심히 하지만 마음먹은 대로만은 되지 않을 상황이 지척에 있지만, 마음속 무거운 짐을 덜어낼 수 있는 달리기가 있어 견뎌낼 수 있다고 그는 말합니다. 두 발을 박차고 힘껏 나아가며 긍정하는 마음을 키우고 마음 속에 꺼지지 않는 불꽃 하나를 맹렬히 피우고 있습니다.

꿈이 많던 사람들도 30대, 40대로 넘어가면 먹고사는 문제 앞에 꿈을 포기하고는 합니다. 그러나 그는 결혼을 하고, 자녀들이 학교에 입학해 한창 자라는 지금도 꿈을 이루기 위해 꾸준하게 노력하고 준비하고 있습니다.

떡볶이집도 해보고, 막노동이라 일컬어지는 철거현장에서 일하기도 하고, 틈이 나는 시간에도 쉬지 않고 배달 일을 하면서 아무리 단역이라도 배역이 하나라도 들어오면 감사한 마음으로 현장으로 달려나갑니다. 자신에 대한 존중과 가족에 대한 사랑으로 늘 밝고 긍정적인 모습을 보며 '정말 잘되었으면 좋겠다'고 진심으로 응원하게 됩니다.

어느 날 그가 마라톤에서 서브3를 하고 싶다며 10명 정도의 동네 러너들과 함께 레슨을 받고 싶다고 했습니다. "그래 한 번 해보자"며 시작된 인연이 2년째 이어지고 있습니다.

서브3는 많은 아마추어 러너들에게 꿈의 목표라 불리곤 합니다. 42.195km 풀코스마라톤을 3시간 안에 완주해야 달성할 수 있는 서브3는 매 km당 평균 4분 15초 정도로 달려야 합니다. 열심히 훈련하고 몇 해 동안 도전해도 서브3 달성에 실패하는 분들도 많을 정도이지요.

그는 놀랍게도 마라톤을 완주하는 첫 해에 서브3를 달성했습니다. 훈련 날에도, 평상시에도 꾸준히 달린 결과입니다. 값진 결과물을 얻기까지 참으로 더운 여름을 보냈습니다. 오디션 결과를 기다리며, 배달 일을 하며, 피곤한 몸 이끌어가며, 새벽마다 열심히 달렸고 보람을 얻었습니다.

이름이 널리 알려지지 않은 탓에 마냥 기다리는 일, 결과가 좋지 않은 일들도 참 많았을 겁니다. 그러나 마라톤 첫 완주에서는 본인이 노력한 만큼의 결과를 얻어낸 것입니다.

얼마나 좋았을까요?

대회가 끝나고 서로 얼싸안았을 때, 서로의 두 눈에 비친 눈물의 의미를 우리는 말하지 않아도 알고 있습니다.

완주 후 돌아오는 환희와 성취감, 뿌듯함을 그가 하고 있는 일에서도 곧 얻게 될 겁니다. 지금은 힘든 시간을 지나고 있더라도 바라는 바 이루리라 믿게 됩니다. 밀어붙이듯 훈련하는 날에는 지쳐서 한마디할 힘마저 없을 정도인데, 그는 20km 달리는 내내 웃음을 잃지 않으며 솜씨 좋은 입담으로 주변까지 밝게 만드니까요.

"너의 달리기를 보며 누군가도 힘을 내고 있을 거야."

뭔가 보일 것 같은데 보이지 않고, 잡힐 것 같은데 잡히지 않는 날들이 있습니다. 굳건하던 의지도 현실의 벽 앞에 무너지기가 쉽습니다. 그런 날엔 잘 지탱하던 일상도 흐트러지기 십상입니다. 사랑하는 사람들에게 쉽게 짜증을 내고 스스로를 탓하는 날들이 이어지기도 하지요.

그럴 때 달리기는 일상을 건강하게 지키고 앞으로 씩씩하게 나아가게 하는 데 커다란 도움이 됩니다. 한 발 한 발 내딛는 걸음이 차곡차곡 쌓여 마음의 힘이 됩니다. 온갖 생각으로 머리가 어지러울 때 한바탕 땀을 흘리고 나면 꺾일지언정 일단 부딪혀보자는 태도가 됩니다.

'까짓거, 한 번 해보자!'

하는 호탕한 마음을 갖게도 되지요.

노력을 한다고 해도 마음처럼만은 되지 않는 일들이 많은 세상에서 달리기는 자기가 노력한 만큼, 꾸준히 한 만큼 결실을 보여주는 정직한 운동입니다. 내가 한 만큼 결과로 보여주는 한 자리를 획득할 수 있습니다. 그 성취감은 말로 표현할 수 없을 만큼 대단합니다. 메달을 따기 위해서도 아니고 선수처럼 잘 달리기 위해서도 아닙니다. 달리기 안에서는 자신이 주인공이 될 수 있습니다.

지금 하는 일이 마음 같지 않다면, 멀리 있는 목표를 향해 긴 과정을 나아가야 한다면 일단 작은 걸음 하나부터 시작해보세요. 꺼지지 않는 불꽃 하나를 마음속에 피울 수 있습니다.

달리기로 시작하는
하루가
인생을 바꾼다

새벽은 하루 중 가장 중요한 시간이다.
우리는 새로운 시작을 준비할 수 있다.

_ 헨리 데이비드 소로(Henry David Thoreau, 사상가이자 수필가)

새벽 5시. 해도 뜨기 전 캄캄한 시간에 구슬땀을 흘리는 사람들이 있습니다. 주말도 아니고 다음 날이 쉬는 날도 아닌데 새벽 5시부터 일어나 달리기를 하는 사람들입니다.

이들은 누구보다 하루를 잘 사용합니다. 저와 새벽 달리기를 하는 분들 가운데는 이런 분들이 계십니다.

제약회사에 다니고 있는 직장인인 그 분은 새벽 5시부터 1시간 30분을 달리고서 출근합니다. 응급의학과에서 3교대로 일하는 의사인 분은 매주 시간이 비는 새벽을 이용해 달리기를 합니다. 경찰인 분도 계신데, 당직 근무 스케줄을 파악하여 달리기 할 시간을 내고는 합니다. 어느 맞벌이 부부는 출근하기 전 아내가 새벽 달리기를 하는 날이면 남편이 아이 등교 준비를 챙깁니다. 외에도 다양한 직업에 있는 분들이 각자의 시간을 내어 달리고 있습니다.

이들은 아침에 운동하고 각자의 일터로 향합니다.

"새벽마다 운동하고 출근하면 회사에서 피곤하지 않으세요?"

"회사에서 점심시간에 20분 정도 눈을 잠깐 붙여요. 그러면 다시 활기가 돌아요."

새벽 운동을 하는 분들 가운데는 소위 아침형 인간인 분들도 계시지만, 다른 시간대에는 운동하기가 어렵기 때문에 일부러 아침을 택하는 분들도 많습니다. 저녁에 운동할 수 있다면 좋겠지만 그러기가 여의치 않기 때문에 아침에 부지런해지는 것이지요.

이들을 보고 있자면, 시간이 없어서 운동을 못한다는 말은 핑계에 지나지 않는다고 생각하게 됩니다. 피곤해서 못했다는 말도 마찬가지입니다. 실제로 피곤한 것인지 '피곤하다'는 말을 핑계로 삼고 있는 것은 아닌지 생각해보아야 합니다.

새벽운동을 하는 사람들은 말합니다.

"회사 다니면서 스트레스 받잖아요. 일하고 나면 피곤도 해요. 그런데 운동 안 하면 더 피곤해요. 힘들게 달리기하고 나면 스트레스도 풀리고 피곤함도 풀려요. 신기하죠?"

일에서도 생활에서도 대단한 전문가들입니다.

여유가 있기 때문에 하는 것이 아니라 여유가 없기 때문에 더 움직이는 아이러니이기도 하지요. 달리기의 긍정적 아이러니입니다.

새벽 운동은 가족의 생활 패턴을 뒤바꾸기도 합니다. 새벽 5시에 달리기를 하는 분들 가운데는 마음 맞는 사람들끼리 모여 팀을 만들기도 하는데요. 아빠들이 모여 운동하는 어느 팀은 이제 그들의 아내들도 하나의 팀을 따로 만들어 운동하기에 이르렀습니다.

아이들도 엄마, 아빠의 긍정적인 면을 보고 배워 어릴 때부터 운동으로 몸과 마음의 힘을 키우고 있습니다. 대단히 큰 긍정적 영향력으로 퍼져가고 있지요.

"이제는 매일의 루틴이 되어서 새벽마다 달리기가 특별한 일이 아니에요. 해내고 나면 너무 뿌듯하고요."

"예전엔 밤늦게까지 핸드폰 하면서 시간 보냈거든요. 그런데 지금은 '새벽에 운동 가야지' 하면서 밤에 일찍 잠들어요. 헛

되게 시간 보내는 일이 없어졌어요."

새벽 달리기는 건강한 생활 패턴을 만드는 데 더없이 좋습니다. 꾸준히 새벽에 달리기를 하고 있는 직장인들은 공통적으로 밤늦게까지 술자리를 가지거나 시간을 허투루 보내는 일이 눈에 띄게 줄었다고 말합니다. 그러면 다음날 피곤할 것을 예상할 수 있는데다, 지금까지 쌓아온 실력을 꾸준히 올리고 싶다는 욕구가 더 크기 때문에 술자리에 가지 않는 것이죠.

"어떻게 술도 잠도 참고 하느냐고들 묻는데, 억지로 참는 것이 아니라 더 큰 즐거움이 생긴 거예요."

습관이 만드는 마음의 힘은 대단합니다. 크고작은 유혹도 있을 텐데, 그러한 유혹보다 더 큰 즐거움의 실체를 알아버렸으니 유혹에도 끄떡없는 상태가 되었습니다.

저는 선수생활을 할 때부터 새벽 4시 반에 일어나서 운동하는 패턴이 자리잡았습니다. 습관화되었음에도 불구하고 여름에는 일찍 해가 뜨니까 힘들지 않은데 겨울에는 따뜻한 이불 속에 조금 더 머물고 싶은 마음이 샘솟고는 합니다. 어릴 때는 '운동 그만두면 아침 늦게까지 잠잘 거야' 생각하곤 했는데, 지금도 새벽마다 달리기를 하고 있네요. 그 상쾌함과 개운함, 효율성을 포기할 수 없는 것입니다. 달리기가 주는 즐거움을 알

아버렸기 때문에 이젠 그만하기가 더 어렵습니다.

하루의 패턴을 바꾸고 싶다면 새벽 달리기를 적극적으로 권합니다. 단지 새벽에 일어나 달렸을 뿐인데, 하루 전체가 놀랍도록 뒤바뀌는 신기한 경험을 하게 됩니다.

그리고 하루를 길게 쓸 수 있습니다. 주말 아침에 운동을 하고, 밥을 먹고, 차 한 잔을 했는데도 오전 10시밖에 안 되어 있습니다. 오후는 가족과 시간을 보내든 개인의 또 다른 충전을 하든 자유롭게 쓸 수 있습니다.

이제 막 시작한 분이라면 새벽에 혼자 달리는 습관을 만들기가 다소 쉽지 않을 수도 있습니다. 그렇다면 한 명도 좋고 두 명도 좋으니 함께하는 사람을 만들어보거나 러닝클럽에 가입하거나, 새벽 달리기를 하고 있는 모임에 참여해보세요. 혼자서는 쉽게 꺾이던 의지가 강해지고 활기도 배가됩니다. 몇 차례 참여하다 보면 혼자서도 반복할 수 있습니다.

처음이 어렵습니다. 일단 한번 해보면 놀라운 경험을 하게 됩니다.

최고의 훈련 방법을
알려주세요.

실력 향상에 도움이 되는 최고의 접근 방법을 알고 싶어 질문하는 분들이 많습니다. 가장 좋은 방법을 알려달라는 분들께 대답합니다.

"누구에게나 맞는 최고의 방법은 없습니다."

모두에게 동일하게 적용되는 하나의 훈련법은 없습니다.

누구에게나 맞는
최고의 방법은 없다

사람마다 각자의 장점과 단점이 다릅니다. 체력과 체형도 다릅니다. 러닝의 기본 원칙을 잘 익히고 각자에게 맞는 방법을 시행할 때 최대 효과가 납니다. 기본 원칙을 따르고 각자의 필요에 맞는 방법으로 운동해야합니다. 저마다 고유한 능력이 있고 고유한 강점과 약점이 있기 때문입

니다. 그러므로 개인의 몸 상태, 운동량, 신체능력, 운동을 위해 낼 수 있는 시간의 양 등에 따라 운동 방법은 달라집니다. 훈련을 하기 전 명심해야 할 기본 원칙입니다.

'남들이 좋다고 하니까.'

'누구는 그 방법으로 실력 향상을 했다고 하니까.'

등등의 이유로 덩달아 동일한 방법을 자신에게도 적용하였다가 부상을 당하거나 오히려 달리기에 대한 애정을 떨어뜨리는 경우를 너무나 자주 봅니다. 오래도록 즐겁게 달리며 인생의 성장을 위한 달리기를 했으면 좋겠습니다.

나에게 맞는
훈련 방법을 찾으세요

많은 분들이 기록 향상에 좋은 훈련법, 주법, 호흡법이라는 말에 혹하여 성급하게 바로 시도하려고 합니다.

"내 최고 기록에 맞는 방법이라고 하니까, 이 방법대로 하면 더 좋은 실력이 되겠지."

단순하게 평균 페이스만을 기준으로 삼거나, 최고 기록만을 기준으로 삼아서는 안 됩니다. 올바른 자세도 중요하지만 본인에게 맞는 체력과 운동 강도 및 운동량을 찾는 것이 중요합니다.

나에게 맞는
주법이 있습니다

달릴 때 발바닥의 어느 지점을 먼저 착지하느냐에 따라 힐풋, 미드풋, 포어풋으로 크게 방법이 나뉩니다. 언젠가 이 주법을 두고 러너들 사이에서 설왕설래가 오갔던 적이 있습니다. 누군가는 뒤꿈치 착지를 해야 한다고 하고, 누군가는 발바닥 중간 부분으로 착지하는 미드풋을 해야 한다고 주장했지요. 그러나 무엇이 좋다고 정답처럼 말하기 어렵습니다. 누군가에게는 힐풋이 좋을 수 있고, 누군가에게는 미드풋이 좋을 수 있으나 모든 러너에게 그런 것은 아닙니다. 다른 사람의 말을 쫓아다니기보다 자신의 몸을 탐구하는 데 더 시간을 들여보면 좋겠습니다.

반복하며 자기만의
고유한 러닝법을 익힙시다

기록을 단축하는 비법은 꾸준함입니다. 꾸준함은 반복적인 활동의 수행이며 부상 없이 러닝을 지속하는 원동력입니다. 자신의 체형에 맞는 자세를 몸이 기억하도록 하기 위해서는 기본 자세를 숙지하고 반복적으로 움직여주어야 합니다. 몸의 밸런스를 맞추고 근육에 힘을 키우고 적절한 휴식을 하며 자기만의 루틴을 만듭시다.

비교를 멈추고
자기만의 리듬으로
나아가자

개개의 기록도, 순위도, 겉모습도,
다른 사람이 어떻게 평가하는가도,
모두가 어디까지나 부차적인 것에 지나지 않는다.

_ 무라카미 하루키(むらかみはるき, 소설가)

인생을 마라톤에 많이들 비교하고는 합니다. 42.195km라는 긴 거리를 달리는 일이 그만큼 녹록치 않다는 비유이기도 합니다.

그러다 보니 이런 이야기를 자주 듣습니다.

"힘든 풀코스를 그렇게 많이 완주하셨고 어려운 선수 생활도 길게 하셨으니, 목표하시는 바 있다면 뭐든 잘해내실 거예요."

42.195km를 좋은 기록으로 달리기 위해서는 자기 인내와 근성이 필요한데, 제가 그것들을 갖추었으므로 다른 일에서도 좋은 성과를 낼 수 있으리라는 격려이자 칭찬입니다. 칭찬을

들으면 기분이 좋지만 일견 그런 생각이 듭니다.

'과연 그런가?' 하고 말입니다.

'나는 다 이겨내고 앞으로만 전진할 수 있는 것인가?'

저도 지치고 힘들 때 '작은 포기 정도는 괜찮겠지'라며 수많은 타협을 하고 있습니다. 그리고 실제로 포기하기도 했습니다. 저는 아시안게임에서 완주하지 못하고 중간에 포기한 이력이 있습니다.

그러나 마라톤 대회에서 중간에 포기했다고 해서 인생도 중단되는가요? 지금 하고 있는 일을, 인생의 중요한 업이라 여기던 일을 중간에 관두었다고 해서 인생이 끝일까요? 그렇지 않습니다.

다음 경기가 또 있습니다. 자신의 다른 역할이 또 있습니다. 물론 당시에는 세상이 끝난 것만큼 힘들고 괴롭기도 합니다. 아시안게임에 국가대표로 출전하고선 완주하지 못하고 주로에서 멈추고 난 후 한동안 후회를 지겨울 만큼 많이도 했습니다. 그러나 지나고 보니 그것이 소중한 삶의 거름이 되었다는 것을 깨닫습니다.

인생은 마라톤 같기도 하고 그렇지 않기도 합니다. 직접 괴로워하며 달려보고 사람들을 가르쳐보니 그렇습니다.

일본 광고 중 아주 유명한 광고 하나가 있습니다. 광고는 마라톤 대회 날이 배경입니다. 내레이션이 시작되면 정해진 주로 위로 수많은 러너가 일제히 달리기 시작합니다. 그러다 그 가운데 한 명이 갑자기 멈춰 서 뒤돌아보더니 화면 밖 누군가에게 말을 건넵니다.

"인생은 마라톤이다. 근데, 정말일까? 인생이란 그런 것인가?"

'인생은 마라톤이 아니다'라고 그가 자문자답을 하자 한 방향으로 달리던 수많은 사람들이 뿔뿔이 흩어져 자기만의 길을 달려가기 시작합니다. 하나의 결승점을 향해 무표정으로 달리던 사람들은 환희와 즐거움으로 가득 차 각자의 방향과 길에 빠져들기 시작합니다.

망망대해로 뛰어드는 사람, 강의실에서 공부를 하는 사람, 클럽에서 즐기는 사람, 웨딩드레스를 입은 신부와 손잡고 뛰는 사람, 갓난아기를 안고 즐거워하는 사람. 각자의 색깔로 자신만의 길 위에서 빛납니다. 광고는 말합니다. 누군가와 비교하지 않아도 된다고, 길은 하나가 아니라고, 결승점은 인간의 수만큼 많다고 말이지요.

달리기를 열정적으로 하던 분들 가운데 이제는 이전만큼 달리기가 재미없다는 분들이 있습니다. 여러 이유가 있을 수 있지만, 큰 이유 중 하나는 다른 사람과의 비교입니다.

자신과 비슷한 시기에 시작했는데 실력이 쑥쑥 오르는 사람을 보며 '왜 내 실력은 그대로일까?' 자책합니다. SNS에 올라오는 인증들을 보면 다들 빠르고 멋져 보이기만 합니다. 어쩜 그렇게 목표했던 기록을 척척 달성하는지 부럽기만 하지요.

목표했던 기록을 달성 못하면 마치 자신이 인생을 열심히 살고 있지 않은 것만 같아 주눅 들기도 합니다. 인생에 활력을 주기 위해 시작했는데 어느 순간 그것으로 인해 자신감이 떨어지기 시작하는 것입니다. 그러니 당연히 더 이상 재미있을 수가 없습니다.

왜 남들이 달리고 있는 주로를 바라보며 자신의 주로를 부끄럽게 여기나요?

왜 서서히 성장하고 있는 자신을 자랑스러워하지 못하고 더 빠르게 성장하지 못하느냐 스스로 질책하나요?

바쁜 일상 속에 꾸준히 하고 있다는 자체만으로 멋지고 대단하다고 스스로를 칭찬해줄 수는 없을까요?

다른 사람을 이길 필요도 없고 '어제의 나'를 이길 필요도 없습니다. 달리기 그 자체가 주는 환희와 몰입에 빠져들면 자신의 진짜 모습을 찾게 될 것입니다. 그때야 비로소 우리는 말할 수 있지 않을까요?

'아, 달리기와 인생을 이래서 비유하는구나!'

자꾸만 다른 사람과 비교하면서 빨라지려고 한다면 스스로에게 질문해보세요. 왜 다른 사람보다 더 많은 거리를 달리는 데 집착하는지 스스로를 들여다보는 시간도 가져보면 좋겠습니다.

누구도 다른 사람에게 보여주기 위한 삶을 살고 싶어 하지 않습니다. 그건 거짓된 삶이고 가짜 인생입니다. 남과의 비교 때문에 '더 빨리, 더 많이'를 바란다면 끝내 자신을 찾아오는 것은 잦은 부상과 낮은 자존감일 것입니다.

다른 사람과 비교하지 맙시다. 처음 시작할 때 설렘과 계획만 생각합시다. 막 시작할 때는 자신의 속도도 알지 못합니다. 단지 '일주일에 몇 번은 달릴 거야!'라는 계획이 전부입니다. 속도가 느려도 일주일에 달리겠다고 생각한 횟수와 거리만 채워도 뿌듯하고 즐겁습니다.

그러나 자신에 대한 만족감과 뿌듯함은 다른 사람과의 비교가 시작되는 순간 빠르게 사라집니다.

각자의 속도가 다르듯이 개개인의 차이는 분명하게 존재합니다. 그 차이를 존중해주세요. 각자의 기록을 누가 더 잘나고 누가 더 못났냐는 기준점으로 삼지 말기를 바랍니다. 모두 제 각각의 존재 자체로 대단합니다.

우울증을 앓던 그녀에게
달리기가
가르쳐준 것들

> 만나는 사람마다 네가 모르는 전투를 치르고 있다.
> 친절하라, 그 어느 때라도.
>
> _ 비욘 나티코 린데블라드(Bjorn Natthiko Lindeblad, 스웨덴 작가)

제가 "언니, 언니" 부르는 러너가 있습니다. 남매를 둔 엄마 러너인 언니는 과천에서 서울 공릉동까지 매주 운동을 하러 옵니다. 달리기에 대단한 애정을 가지고 있지요.

열심히 운동하는 것은 좋지만, 과한 운동은 몸에 화를 부르고는 합니다. 언니도 그랬습니다. 급기야 병원에서 그만 운동을 쉬라는 이야기를 들었습니다. 휴식이 필요하다고 몸은 이미 오래전부터 신호를 보낸 것입니다.

"언니, 열심히 하는 건 좋은데 지금은 너무 맹목적으로 달리고 있어요. 천천히 해도 되고 쉬어도 돼요."

"달리지 않으면 저는 죽을 것만 같아요."

몇 번 쉬라고 말했지만, 언니는 좀처럼 말을 듣지 않았습니다. 어느 날엔 그만 쉬어야 한다고 조금 강하게 이야기했더니 섭섭하게 여기고 울기도 했습니다. 러닝 코치로서 건네는 조언이기도 했지만, 언니를 좋아하는 한 사람으로서 걱정이 되어서 한 이야기였는데 섭섭하게 받아들이기에 저도 마음이 좋지 않았습니다.

열심히 하는 언니의 마음을 그저 응원해주는 것이 코치로서 할 수 있는 최선이라 생각하게 되었습니다. 언니가 운동을 하러 오면 훈련에 필요한 가르침을 전할 뿐, 과한 운동을 한다고 해도 먼발치에서 지켜보며 가타부타 더 이상 말을 꺼내지 않았습니다.

그러다 달리기와 여행을 결합한 일명 런트립을 간 날이었습니다. 늘 달리던 코스가 아닌 낯선 지역 다른 풍경 속에서 함께 달리며 즐겁게 여행도 하는 시간이지요. 혼자 참가하는 분도 계시지만, 부부가 함께 오거나 커플이 함께 오기도 합니다. 연령대도 다양합니다.

오후 달리기를 마치고 저녁을 먹기 위해 한 테이블에 빙 둘러앉은 때였습니다. 100명이 넘는 사람들이 한 공간에서 이야기도 나누고 맛있는 밥도 먹으며 도란도란 정겹던 참이었어요.

왁자지껄한 가운데 갑자기 어디선가 큰소리로 엉엉 우는 소리가 들렸습니다. 서러운 울음소리에 여기저기서 떠들던 말소리가 일순간 조용해졌습니다.

'술을 많이 마셨나? 술김에 섭섭한 이야기를 하며 다툼이 났나?'

걱정스럽게 다가가니 언니였습니다. 건너편에 앉은 다정한 부부 모습이 너무 보기 좋아서 그만 눈물이 펑펑 났다고 합니다. 한 번 터진 울음보는 좀처럼 가라앉지 않았습니다.

언니는 그즈음 기운이 밑바닥까지 내려가 스트레스로 가득 차 있었습니다. 우울증도 앓고 있는 데다 사랑하는 아들까지 군대에 간 지 얼마 되지 않아 걱정하는 마음도 더해져 있었지요. 남편과 함께 운동을 나오고 싶지만, 남편은 운동에 취미가 없는 듯했습니다.

엉엉 우는 언니를 둘러싸고 사람들이 하나둘 모여들어 위로를 하기 시작했습니다. 괜찮다는 말과 함께 자신들의 밑바닥 이야기와 스트레스를 받는 일상, 치부 섞인 이야기까지도 언니에게 들려주며 힘이 되어주려 사람들은 애썼습니다. 앞다투어 마음을 내어주려고 했습니다.

언니가 위로를 받은 건 평소 언니가 다른 사람들을 인자한 마음으로 품는 사람이었던 덕분입니다. 누군가 달리기를 하면서 힘들어하면 앞에서 끌어주고 뒤에서 밀어주며 힘이 되어주려 애쓰던 언니였습니다. 늘 운동장에 나와 솔선수범도 아끼지 않았습니다. 평소 나누어준 따뜻한 마음을 언니는 그 자리에서 돌려받고 있었다고 저는 생각했습니다.

이후 언니는 꾸준히 병원에 다니고 운동도 병행하며 우울증을 치료받아 많이 좋아졌습니다. 이제 혼자 운동장에 오지 않고 딸과 함께 나와서 뛰기도 합니다. 딸도 엄마의 우울증을 적극적으로 응원하는 모습을 보입니다.

의사의 만류도 뿌리치며 달리기를 하고 '이거라도 하지 않으면 죽을 것 같다' 말했던 건 그만큼 마음이 힘들었기 때문일 겁니다. 무어라도 붙잡는 심정으로 앞으로 달려나갔던 것일 테지요.

누구에게나 한없이 가라앉는 날이 있습니다. 그런 날에는, 세상에 혼자 내버려진 것만 같고 어느 누구 하나 내 편은 없는 것처럼 느껴집니다.

바스라질 것만 같은 마음을 강하게 만드는 데 달리기는 더없이 좋은 운동이지만, 한 발 한 발 단단하게 내딛다가 주변도 한 번 둘러보기를 바랍니다. 외로울 때 '함께 가자' 청해보기도 하고, 힘이 들 때는 '도와달라' 청해보기도 해보세요. 건네는 손길을 반드시 누군가 잡아줍니다.

혼자 달려나가는 것만이 능사는 아닙니다. 엎치락뒤치락 하는 세상에서 내가 뒤처졌을 때 나를 붙잡아 이끌어주는 건 누군가의 다정한 손길이지 않을까요.

좋은 습관을
연쇄적으로 만드는
최고의 방법

험한 언덕을 오르려면
처음에는 서서히 걸어야 한다.

_ 윌리엄 셰익스피어(William Shakespeare, 극작가이자 시인)

"선수도 아니고 1등 할 것도 아닌데 왜 빨리 달리려고 하는 걸 까?"

생활 체육 러너들을 막 가르치기 시작할 무렵, 풀코스마라 톤 3시간 이내 완주의 의미를 이해하려 애쓴 시간이 있습니다. 선수라면 응당 빨리 달리려 노력해야 하고, 1등이 목표라면 최 선을 다해 임해야 하지만 그것이 아니라면 그냥 즐기면서 달리 면 되지 않을까 왜 그렇게까지 달성하려고 하는 걸까 의아했던 겁니다. 그도 그럴 것이 어떤 분들은 선수들만큼, 혹은 그 이상 으로 컨디션 관리에 힘쓸 만큼 훈련에 임할 정도이니까요.

그러나 이러한 생각은 제가 직업적인 관점에서 달리기를 봤기 때문에 생긴 커다란 오해라는 것을 일반인 러너들을 가르치면서 깨달았습니다.

그들을 가르치는 시간이 점점 쌓이면서 저는 그 세계 속으로 조금씩 들어갔습니다. 그러면서 각자가 목표로 하는 기록을 달성하는 것이 얼마나 큰 의미인지를 이해하기 시작했습니다.

대부분 러너들에게는 목표로 하는 기록이 있습니다. 이를 달성하기 위해 12주 훈련 프로그램, 16주 훈련 프로그램, 20주 훈련 프로그램 등 다양한 프로그램에 따라 훈련합니다. 체계적으로 훈련하지 않는다 하더라도 한 달에 200km 달리기 목표, 1주에 50km 달리기 목표 등 '마일리지'라 부르며 거리 위주로 훈련하기도 하지요.

이 과정에는 대단한 절제와 인내가 필요합니다. 바쁜 일상 속에서도 귀찮은 자기를 이겨내고 밖으로 나가야 한다거나, 매섭게 추운 날씨에도 운동화를 신고 나서야 하고, 해도 뜨지 않는 새벽 5시부터 달리는 등 매일 자기와의 싸움을 해야 할 때도 있습니다.

그 과정에서 어려움을 이겨내는 자기 자신을 경험할 수 있습니다.

"추운데 딱 오늘 하루만 쉬자."

하고 하루를 쉬면 당장은 편할 수도 있겠지요. 그러나 오늘의 쉼은 내일의 결심과 모레의 다짐도 무너뜨리는 첫 번째 도미노가 됩니다.

오늘 쉬겠다고 마음먹는 순간, 다른 날들도 쉬겠다고 쉽게 마음먹게 됩니다. 조금만 달리기를 취미로 해보아도 이것을 알게 됩니다.

달리기에서 목표 기록 달성은 숫자 이상의 의미입니다. 기록을 달성하여 자기와의 싸움에서 승리하면, 이는 인생의 다른 문제를 해결하게 하는 힘이 되어줍니다. 고통을 감내하며 기록을 달성하여 얻은 성취감으로 인생의 다른 목표 또한 이겨낼 수 있는 것입니다.

학교를 졸업하고, 사회로 나와 어른이라 불리는 나이가 되면 배움과 성장이 말처럼 쉽지 않습니다. 책 읽겠다 앉았지만 손과 눈은 금방 스마트폰으로 향하기 십상입니다. 영어 공부하겠다고, 자기계발 하겠다고 마음먹지만 며칠 재밌게 하다가 금방 손을 놓고 습관이 되지 못하기 일쑤입니다.

달리기는 그토록 어려운 습관을 비교적 쉽게 형성할 수 있도록 돕습니다. 달리기로 형성한 습관은 다른 것들에도 연쇄

작용하여 습관으로 자리잡고는 합니다.

그렇습니다. 달리기로 사람들은 성장하고 있었습니다. 달리기로 자기가 목표로 한 기록을 달성하며 어디에서도 쉽사리 얻지 못하는 성취감을 획득하고 있었습니다.

성장하고 때로는 좌절하면서 자신이 원하는 것이 무엇인지, 왜 그토록 치열하게 살아가는지, 무엇이 달리게 하는지 비로소 이해하게 됩니다.

자신의 일을 잘하기 위해 노력하는 와중에 취미에서도 목표를 달성하기 위해 진심인 사람들 속으로 들어가며, 우승이 전부가 아니라는 것을 알게 되었습니다. 그러면서 그들을 향한 존경심이 싹텄습니다.

달리기가 좋아서 달리는 사람들은 저마다의 색깔로 빛이 납니다. 좋아하는 일을 잘하기 위해 목표를 정하고 꾸준히 임하면서, 그 속에서 느껴지는 고통마저도 희망이 되고, 동기가 되고, 즐거움이 됩니다.

기록 단축이 주는 압박감은 대단히 큽니다. 그 마음을 잘 알기에 압박감을 되도록 적게 느끼면서, 러닝이 주는 즐거움을 온전히 즐길 수 있도록 돕고 싶습니다.

개개인의 성향에 따라 성장할 수 있도록 하다 보면, 그 가운데 기록은 자연스레 좋아집니다. 빠른 주자들도 느린 주자들도 각자의 편안한 페이스를 만들 수 있도록 훈련하면, 목표로 한 대회에서 최선의 기록을 내어 성취감을 획득할 수 있습니다. 좋은 기록이 주는 큰 포상을 자기 자신에게 선물할 수 있습니다.

그러기 위하여 자신에게 맞는 방법을 찾아낼 수 있어야 합니다.

이때, 기록 달성도 중요하지만 쉼의 중요성도 꼭 기억했으면 합니다. 남에게 보여주기 위함이 되지는 말아야 합니다.

언젠가 너무나 안타까운 마음에 소리친 적이 있습니다.

"서브3 하지 말아요!"

고통으로 일그러진 얼굴로 달리는 그를 보니 함께 훈련해온 즐거웠던 지난날들도 그에게 아픔으로 남을 것만 같았습니다. 괴로워만 하면서 영혼 없이 달려나가는 건 그 시간에 충만하다 할 수 없습니다.

집중하고, 몰입하고, 영혼이 충만하게 나아가면 좋겠습니다. 달리는 자신을 사랑하면 좋겠습니다. 그렇게 내딛다 보면 성장하는 자신을 반드시 만나게 됩니다.

빠르게 달린다고 해서 달리기를 더 사랑하고, 느리게 달린다고 해서 달리기를 덜 사랑하는 것일까요? '얼마나 빠른지'보다 '얼마나 나답게'가 될 수 있다면 좋겠습니다. 나답게 노력하다 보면 그토록 원하던 목표도 어느새 달성한 자신을 발견하게 됩니다.

초등학생 아이들이
자발적으로 달리며
자존감을 키운 비결

모범을 보이는 것은
남에게 영향을 줄 수 있는 유일한 방법이다.

_ 알베르트 슈바이처(Albert Schweitzer, 아프리카 의료봉사에 헌신한 의사)

"아이들도 달리기를 하면 좋겠는데 어떻게 자연스럽게 함께할 수 있을까요?"

많은 부모님께서 질문하십니다. 그럴 때면 저는 수년째 학급 학생들과 달리기를 하고 있는 초등학교 선생님 이야기를 들려드리고는 합니다.

한창 성장하는 시기의 아이들에게 달리기가 신체와 정신에 어떤 긍정적인 영향을 주는지 확실한 결과로 보여주기 때문이지요.

아이들에게 '나도 할 수 있다'는 자기긍정감을 가지게 하고,

자존감을 높이는 데도 아주 좋다는 것을 선생님의 경험을 통해 알 수 있습니다.

선생님은 임용고사를 준비하던 시기에 달리기를 시작했습니다. 좋아하는 작가인 무라카미 하루키가 쓴 에세이를 읽고 달리기의 매력에 빠져들었습니다.

'나도 다른 운동 능력은 없지만 지구력은 있는 것 같은데 달리기를 해볼까?'

마침 임용고사를 준비하던 시기라 체력도 길러야 해서 교대 트랙을 한 바퀴 뛰고, 한 바퀴 걷고 하는 식으로 시작했습니다.

본격적으로 10km 정도를 뛰게 된 것은 첫 담임을 하던 때였습니다. 스트레스를 해소하고자 뛰기 시작했는데, 놀랍게도 달리는 도중에 그날 있었던 일을 정리해볼 수도 있었고 소소한 정신적 힘듦을 잊게 되었습니다. 그렇게 달리기는 선생님의 유일한 운동 취미가 되었습니다.

개인적인 취미로 달리던 선생님은 어느날 아이들을 보다가 생각했습니다.

'달리기의 매력을 아이들에게도 가르쳐주면 얼마나 좋을까?'

자신이 긍정적 효과를 많이 누려보았기 때문에 아이들에게도 그 기쁨을 알려주고 싶어졌던 것입니다.

제대로 된 지식 없이 무턱대고 아이들을 가르칠 수는 없는 노릇이라 생각한 선생님은, 저와 함께 러닝클럽에서 자세와 주법, 보강운동을 익혔고 그 지식을 바탕으로 당시 지도하던 5학년 반 아이들과 함께 달리기 동아리를 만들었습니다.

4월부터 매주 등교 후부터 1교시 전까지 아침 시간과 체육 시간을 이용해 운동장 5바퀴, 1km를 안 걷고 뛰어보기부터 시작했습니다. 그해 9월에는 반 전체 아이들이 마라톤 대회 5km 부문에 참여해 완주하였습니다.

아이들과 함께한 추억이 정말 좋았기에 다음 해에는 6학년을 맡아 학년 초부터 달리기를 꾸준히 지도했습니다. 5학년이 아닌 6학년이기에 연습량도 늘리고 거리도 10km를 목표로 했습니다. 놀랍게도 아이들은 1학기에 5km 마라톤 대회를 완주하였고 2학기에는 전원이 10km를 완주하는 데 성공했습니다.

아이들이 처음부터 즐겁게 임했던 건 아닙니다. 당시 아이들은 선생님이 마라톤을 즐긴다는 것은 알았지만 자기들에게도 함께하자고 할 줄은 몰랐던지 당황하기도 했고 힘들다며 투정도 부렸습니다.

체력적으로 부담을 느꼈던 여학생들의 반발이 더 컸는데 막상 꾸준히 달리다 보니 여학생들의 만족도가 아주 높았습니다. 피구나 축구, 야구 등 기능과 기술이 필요한 운동 종목에서 늘 남학생들에게 밀리던 여학생들이 타인과 경쟁하지 않아도 되고 승패가 없는 달리기를 좋아하게 된 것이지요. 끈기 있게 자신의 속도로 달리면 누구나 완주라는 성취감을 맛볼 수 있다는 매력을 학생들도 깨닫게 되었습니다.

더운 날도, 추운 날도 주 3회씩 꼬박꼬박 아침부터 운동장을 달리고 있는 선생님 반 아이들을 보며 몇몇 다른 반 친구들은 "와, 지옥훈련이다" "안됐다"라는 반응을 보이기도 했습니다.

하지만 곧 자기 반 선생님께 "우리도 달리기해요" "저도 달리기하고 싶어요"라고 요청하기도 하고 자율적으로 참여하는 학생들도 생겼습니다. 그중에는 선생님 반이 아니지만 같이 마라톤 대회에 참가하기도 했습니다.

동료 교사들도 달리기에 관심을 가지게 된 분들이 생겨서 어떻게 시작해야 하는지, 교사 동아리를 만드는 건 어떤지, 가르쳐줄 수 있는지 등 요청을 해오셨습니다.

선생님과 함께 달리기를 했던 아이들은 학년이 올라가고 반이 바뀌어도 자연스레 함께 달리곤 합니다.

"중학생 되어서도 같이 러닝하자고 연락드려도 돼요?"

"선생님, 내년에 대회 나가실 때 저희도 불러주세요."

"저 달리기를 하고 난 뒤로 자존감이 많이 높아졌어요."

"제가 10km를 완주할 수 있을 거라고 상상해본 적도 없어요! 결승선 통과할 때 처음으로 성취감을 느꼈어요."

이런 말을 들을 때 선생님은 가장 큰 보람을 느낀다고 합니다. 학생들이 러닝을 취미로 삼게 되어 참 뿌듯하다고요. 올해 함께 한 아이들 가운데 꽤 많이 하프 코스를 완주했으니, 그 아이들은 성인이 되어서도 러닝이 좋은 취미로 남지 않을까 합니다.

달리기를 지도하지 않았던 과거 경험과 비교해보면 아이들이 눈에 띄게 변화했다는 것을 선생님은 절실히 느낀다고 합니다. 기본 체력이 많이 향상된 것은 물론, 고학년이면 사춘기에 접어드는 시기인데 달리기를 통해 에너지를 건강하게 발산해서인지 공격성이나 충동성을 잘 조절한다고도 합니다.

학기 초에는 작은 일에도 쉽게 화를 내거나 싸우려 들던 남학생들이 확실히 학기 말이 되면 감정을 잘 참고 제어했습니다. 여학생들은 달리기를 시작한 후 체육 활동에 자신감을 많이 보였습니다. 천천히 뛰지만 중간에 쉬지 않고 묵묵히 뛰는 것은 여학생들이 더 잘하는 경향이 있었습니다. 체력이 늘다 보니 다른 운동능력도 더 향상되기도 했습니다. '저 선생님 반 되면 다이어트 성공한대'라는 소문도 돌아서 살이 찌기 시작하는 여학생들이 많이 부러워하기도 한다고요.

다른 학급은 하지 않는 특별한 활동을 한다는 으쓱함과 힘든 활동인 달리기를 함께 하며 동료애도 확실히 깊어졌습니다. 그래서 학급 친구들끼리의 단결력도 많이 생겼습니다.

무엇보다 아이들의 '자존감 향상'이 가장 크게 느낀 긍정적인 변화라고 합니다. 처음에는 운동장 5바퀴를 뛰는 것도 힘들었는데 꾸준히 임하여 5km를 완주할 수 있게 되자 아이들은 어마어마한 성취감을 느꼈습니다. '힘든 과정을 참고 버티면 나도 목표를 달성할 수 있구나' 깨달은 것이지요.

작은 성취감이 모여 자존감이 높아지는 경험은 선생님에게 있어서도 달리기가 준 가장 큰 선물이었는데 이것을 13살 아이들도 느낄 수 있다는 점을 보면 확실히 달리기의 매력은 성별과 연령을 초월해 보편적인가 봅니다. 꾸준히 노력하면 성과를 낼 수 있다는 것을 배우게 되고 '나는 무엇이든 노력하면 이룰 수 있어'라는 자존감을 키우는 데 더할 나위 없는 좋은 경험이 됩니다.

너무 바쁜데,
꼭 준비운동을 해야 할까요?

만약 여러분에게 주어진 운동시간이 30분이라고 해봅시다. 준비운동을 생략하고 냅다 달리기부터 하시지는 않나요? 혹은 오늘은 5분 페이스로 달리기로 했다고 해봅시다. 가벼운 팔 돌리기만 하고 바로 5분 페이스로 달려 나가시지는 않나요?

시간이 없다는 핑계로 몸을 예열하지 않고 바로 페이스를 올려서 달린다면 여러분은 빠르게 체력이 소진되고 부상 위험이 높은 러닝을 하고 있습니다. '오늘은 시간이 없으니까 준비운동은 생략해야지' 하는 마음이 습관이 될 수 있습니다. 거창하고 많은 시간을 할애하는 준비운동이 아니어도 됩니다. 몸이 준비할 시간을 주어야 합니다.

준비 없이 갑자기 달리면 부상을 당하기도 쉬울뿐더러, 피로가 더 쉽게 오거나 자신의 실력껏 달리지 못할 수도 있는 등 몸에 무리를 주기 십상입니다. 그러므로 준비운동을 꼭 하시라 말하지만, 여의치 않는 상황이라면 빠르게 할 수 있는 간단한 준비운동을 알아두면 좋습니다. 그 패턴을 몸에 익혀두면 더욱 좋습니다.

러닝화를 신기 전
10분이면 할 수 있다

저는 바쁘더라도 러닝화를 신기 전에 꼭 폼롤러로 몸을 풀려고 합니다. 골프공이나 딱딱한 볼을 이용해 발바닥을 지압해줍니다. 10분의 투자로 훨씬 부드럽고 리듬감 있는 달리기를 할 수 있습니다. 간단하게 할 수 있으니 따라해보시면 좋습니다. 흔히 준비운동이라고 하면 러닝화를 신은 후에 하는 활동이라고 생각하기 쉽지만, 그 전에 하는 준비과정도 몸을 위한 중요한 준비의 과정입니다.

컨디션을 체크하며
간단한 고관절 스트레칭을 한다

폼롤러와 볼을 이용해 근육을 부드럽게 자극하는 준비과정이 1단계라면 러닝화를 신고 집 밖으로 나오는 것이 2단계입니다. 2단계에서 바로 러닝을 시작하는 것이 아닙니다. 러닝화 끈을 묶으면서 오늘의 러닝코스를 머릿속으로 그려봅니다. 페이스도 생각합니다. 오늘의 마음가짐까지 단단하게 묶고 현관문을 나섭니다.

밖으로 나와 벽을 잡습니다. 고관절의 가동범위를 부드럽게 움직여 줍니다. 원을 그리며 고관절을 돌립니다. 밖에서 안으로 원을 그리고, 안에서 밖으로 원을 그리며 돌린 다음, 다리를 앞뒤로 움직이며 큰 관절 하나 하나를 깨워줍니다. 그리고 가벼운 점프운동을 통해 발목에 신호를 보냅니다. 오늘도 나를 행복한 곳으로 안전하게 이끌어 달라는 마음도 함께 보냅니다.

계절에 맞는 준비운동은 효율을 높인다

계절의 특성에 맞게 준비운동을 하면 좀 더 효율적입니다.

기온이 낮은 겨울철에는 실내에서 체온을 올리고 나가는 것을 추천합니다. 가벼운 점핑동작과 제자리 피치운동을 통해 심박을 활성화시키면 좀 더 안전한 겨울철 러닝을 즐길 수 있습니다.

기온이 높은 여름철에는 준비운동으로 많은 시간을 소비하는 것보다 무릎, 발목, 허리, 어깨 등 관절을 가볍게 풀어주면 좋습니다. 10분 정도 가볍게 관절을 풀고 무릎과 발목을 돌리는 등의 방식으로 진행하면 됩니다.

준비운동이 스트레칭만으로 끝났다고 생각하지 말고, 스트레칭이 끝난 후 천천히 움직이며 가벼운 걷기부터 시작해서 달리는 순으로 습관을 들이는 것도 좋은 방법입니다.

몸을 준비하는 만큼,
마음의 준비도 중요하다

준비운동은 몸의 준비만큼 마음의 준비도 중요합니다. '오늘은 좀 쉴까' '귀찮다'는 생각이 들려고 하거든 일단 몸을 일으킵니다. 달리고 나서 상쾌한 몸과 마음을 떠올리며 마인드컨트롤을 합니다. '일단 하자' '하고 보자'는 마음가짐으로 귀찮은 마음이 들어설 틈이 없도록 재빨리 러닝 복장을 갖추고 러닝화를 신습니다. 나가기까지 수없이 많은 유혹과 감정들이 오고 가겠지만 일단 나가면 달리게 되어 있습니다.

예열하기,
천천히 달리면서 몸을 푼다

여유가 없어서 바로 달리기에 돌입해야 하는 때라면 천천히 달리면서 몸을 푸는 방법을 활용해볼 수 있습니다. 가령 60분 동안 달리는 것이 목표라고 하면, 처음 10분 또는 15분까지를 준비운동 단계라고 생각하면 됩니다. 시작하자마자 심박수를 올리는 것이 아니라 천천히 한 발 한 발 내딛으면서 몸을 조금씩 풀어줍니다. 체온을 조금씩 올리다 보면 그 과정에서 준비운동이 되는 것이라고 생각해도 됩니다. 달리면서 하는 준비운동인 것이지요. 천천히 예열하면 몸이 본격적으로 달릴 준비를 마칩니다. 페이스를 점점 내볼 수 있습니다. 땀도 나기 시작합니다.

아버지와 함께
달리고서야
비로소 깨달은 것들

나의 아버지는 그 어떤 누가 줄 수 있는 선물보다
더 큰 선물을 주셨다.
바로 나를 믿어주신 것이다.

_ 짐 발바노(jim valvano, 미국의 전설적 농구 코치)

부모님과 함께 즐기는 취미를 가져본 적 있으신가요? 그것은 기쁨을 넘어 형언하기 어려운 행복일 것입니다. 그러한 행복을 만들어가는 부자가 있습니다.

스스로를 '살갑지 않은 아들'이라 겸손하게 칭하는 그는 제 눈엔 누구보다 살가운 아들로 보입니다. 아버지와 함께 10km 를 시작으로 하프마라톤, 그리고 풀코스마라톤까지 동반 완주한 든든한 아들이니까요.

지금은 완치된 지 14년이 지났지만, 그는 어릴 때 혈액암 투병을 하였습니다. 그때 부모님 가슴에 대못을 박은 것이 두고 두고 자신의 인생에 지우기 어려운 죄송함으로 남아 있다고 말합니다.

성인이 되어, 건강하게 지내겠다는 마음 하나로 그는 달리기를 시작하였고 이윽고 풀코스마라톤에도 도전해 완주하였지요. 춘천까지 동행하며 모든 과정을 곁에서 지켜본 그의 아버지는 대회장 분위기와 사람들의 응원하는 모습에 감동을 받으시곤 가슴이 두근거렸다고 합니다. 그리고 아버지는 결심했습니다. 달리기를 시작해보겠다고요. 그렇게 아들과 아버지의 동반 달리기가 시작되었습니다.

달리기를 시작하고 아버지의 많은 것이 변화했습니다. 스트레스를 받으면 먹는 것으로 풀던 이전과 달리 달리기를 통해서 마음을 다스렸습니다. 그러다 보니 체중이 줄어들었고, 약을 먹어도 조절하기 어려웠던 혈당마저 관리가 되어서, 의사 선생님은 '먹는 약을 좀 줄여도 되겠다'고도 했지요.

아버지는 달리기에 재미를 붙이자 러닝 클래스에서 아들과 함께 강습을 받기 시작했습니다. 클래스 내에서 다른 러너들을 만나고 대화를 하며 풀코스마라톤 완주에 대한 소망도 품었습니다.

아버지가 풀코스마라톤에 도전한다고 했을 때, 아들인 그는

'환갑을 넘은 나이니 제발 무리하지 말아 달라' 당부하였습니다. 연세도 연세이지만, 무엇 하나를 시작하면 끝장을 보는 아버지의 성격을 잘 알고 있었으므로 걱정이 되었기 때문이지요. 그러나 버킷리스트를 꼭 이루고 싶다는 아버지를 차마 말릴 수가 없었다고 합니다.

풀코스마라톤에 참가 신청한 뒤, 아버지는 아들에게 뜻밖의 제안을 했습니다.

"대회 날 너가 내 페이스 메이커를 해주면 어떻겠어?"

여태까지 아들에게 하는 부탁이라곤 "자기계발 좀 하라"는 이야기밖에 없었던 아버지의 뜻밖의 제안이 처음에는 부담스러웠습니다.

왜냐면 그 자신도 풀코스마라톤은 2회 완주가 고작이었고 4시간 이후에 결승점으로 들어오는 기록을 가지고 있던 터라 페이스 메이커는 부담이 되었던 것이지요. 하지만 진지하게 대회를 준비하는 아버지의 모습을 보니 마음이 바뀌었습니다.

'지금이 아니면 언제 또 아버지랑 같이 마라톤을 완주할 기회가 생기겠어.'

그는 아버지의 완주에 힘이 되어드리겠다고 다짐하였습니다.

대회 당일, 25km까지는 아버지가 잘 따라오셨지만 최대 훈련거리가 25km였던만큼 그 이후부터는 많이 힘들어하셨습니다.

그렇게 35km 지점을 지날 때, 문득 주위를 둘러보니 너무나 익숙한 풍경이었습니다. 그가 14살에 림프종양을 치료받기 위해 그 도로를 통해 대학병원에 갔기 때문입니다.

더 이상 새로운 격려의 말도 떠오르지 않아 "할 수 있다!"만 외치던 그는 이윽고 아버지께 마음을 다해 말을 건넸습니다.

"나 어릴 때 치료받으려고 여기 지나쳤었는데, 이제는 완치하고 아빠랑 뛰고 있네!"

그러자 아버지도 말씀하셨습니다.

"너 아팠을 때 참 슬펐는데, 지금은 이렇게 건강하게 같이 뛰고 있으니까 너무 좋다."

아버지의 말씀을 듣고 나니 아들은 '힘들어도 끝까지 해내야 한다' '무조건 아버지랑 같이 완주한다'는 마음을 다시금 확실히 할 수 있었습니다. 그렇게 그와 아버지는 4시간 51분 만에 42.195km 여정을 마무리할 수 있었습니다.

건강을 유지하려고 시작했던 달리기였지만, 그도 아버지도 달리기를 통해서 삶의 많은 부분이 변화했음을 느낀다고 합니다. 스트레스를 관리할 수 있게 되었고, 건강해졌으며, 한계를 극복하는 경험이 쌓여 자신감도 생겼다고요.

그리고 무엇보다 앞으로 어떤 도전적인 일들이 앞에 다가올지 알 수 없지만 그것이 무엇이 되었든 극복할 수 있으리라는 단단한 마음도 획득하여 좋다고 합니다. 혼자 달렸다면 알지 못했을 마음을 아버지와 함께였기에 깨달을 수 있었습니다.

부모님이 살아가는 인생의 여정에서 자녀들은 소중한 존재이며, 자녀들이 살아가는 인생의 여정에서도 마찬가지로 부모님은 소중한 존재입니다. 그러나 길다면 길고 짧다면 짧은 우리네 삶에서 미처 나누지 못하는 마음과 말이 있지요.

42.195km라는 거리를 부모님과 달리다 보면, 미처 하지 못했던 말들과 나누지 못했던 마음을 나누는 소중한 시간이 된다는 것을 부자의 모습을 보며 저 또한 깨달았습니다.

달리기로
배우는
리더의 자세

위대한 리더는 위대한 일을 하는 자가 아니다.
다른 이들이 위대한 일을 할 수 있게 해주는 자다.

_ 로널드 레이건(Ronald Reagan, 미국 40대 대통령)

형님을 알게 된 지도 10년 가까이 되어갑니다. 10여 년 전 형님은 여느 회사원들처럼 바쁜 업무와 잦은 야근, 그리고 매일같이 음주를 하는 나날을 보냈습니다.

그러다 취미로 가볍게 시작한 달리기에 승부욕이 보태지고 꾸준한 노력이 더해지면서 강한 러너로 거듭났습니다. 매주 일요일마다 30km 이상 빠지지 않고 달리고, 비가 와도 달리고, 숨이 막히는 더운 날씨에도 달렸습니다. 한 번 달릴 때마다 20km 이상 거리를 채우려고 했고, 그렇게 한 달 동안 400km는 거뜬히 달렸지요.

시간이 있다고 해서 매일 달릴 수 있는 것이 아닙니다. 체력이 따라주어야 달릴 수 있습니다. 형님이 이렇게 체력이 좋아지기까지는 부단한 노력이 필요했습니다.

"형님! 조금 쉬면서 천천히 하세요."

"오늘은 천천히 한 겁니다."

"시즌도 아닌데 조금은 느리게 가셔도 돼요. 휴식도 하면서요."

"겁납니다."

지금의 실력까지 올리기 위해 많은 고통을 이겨내왔기에, 조금 여유를 부렸다가는 다시 처음부터 시작해야 할지도 모르므로 무섭다고 했습니다. 그 고된 훈련을 처음부터 다시 한다는 건 너무 힘들기 때문에 유지라도 하기 위해서는 쉴 수 없다고요.

휴식하라고 조언처럼 걱정처럼 말을 건네지만 기필코 하고야 말겠다는 마음까지 꺾을 수는 없습니다. 실제로 부상이 온 것도 아니므로 의욕이 높은 분들은 지켜보며 조언을 건네는 것이 최선입니다.

형님은 본인이 열심히 하기도 하지만 주변 사람들에게도 긍정적인 영향력을 줍니다. 혼자만 열심히 하지 않고 다른 사람에게도 자신의 꾸준함을 전파하는 놀라운 능력을 가졌습니다.

어느 추운 겨울날 훈련을 하다가 형님은 말했습니다.

"내년 봄 마라톤 대회 때는 우리 팀 사람들 서브3 시켜줘야겠습니다. 저는 다른 대회에서 목표 달성하면 되고요!"

실력에 비해 기록 달성을 어려워하는 팀 사람들이 성취할 수 있도록 도와주고 싶은 마음인 것이지요. 42.195km 풀코스 마라톤을 3시간 안에 완주해야 달성할 수 있는 서브3는 매 km당 평균 4분 15초 정도로 달려야 하기에 혼자 달리는 것만으로도 힘이 듭니다.

자신에게만 집중해도 어려운데 10명 가까이 되는 사람들의 맨 앞에 서서 그들을 다독이고 집중시키며 나아간다는 건 여간 힘든 일이 아닙니다. 랩타임 단 몇 초 차이로 승부가 판가름 나고 기록에 영향이 있기에, 실력이 올라갈수록 초단위로 시간을 관리할 만큼 예민해집니다. 그런데 자신의 목표 달성이 아닌 다른 사람의 목표 달성을 위해 대장정의 길을 떠나는 것입니다.

자신보다 느린 동료의 페이스 메이커가 되어 그들을 성장시키는 것도 자신에게 큰 동기부여가 된다고 형님은 말합니다. 본인의 성장에도 좋다고 그는 말하지만, 겸손한 표현임을 저는 잘 알고 있습니다. 형님의 행동 속에는 큰 희생과 책임과 부담이 따른다는 것을 압니다.

앞에서 많은 사람들을 이끌어가기란 쉽지 않습니다. 희생과 책임과 배려가 있어야 합니다. 너무 빠르거나 너무 느리지 않도록 계속 속도를 확인해야 하고, 뒤에 따르는 사람들이 지치지 않도록 독려도 해주어야 하고, 집중할 수 있도록 다독여주어야 합니다. 이러한 모든 능력을 본인 스스로 가지고 놀 수 있는 노련함도 필요합니다.

간혹 뒤따르는 사람들 중 리더의 희생을 모르고 당연한 듯 구는 사람도 있습니다. 조금만 속도가 느리거나 빨라져도 불평불만이 쏟아집니다. 저는 그럴 때 화를 냅니다. 간혹 조금 빨라지거나 느려질 수 있는데 그때마다 앞서 달리는 사람의 수고로움은 무시한 채 불평해선 안 됩니다.

그러면서 저는 슬며시 리드해주는 사람에게 다가가 너무 빠르게는 가지 말아달라고 부탁을 합니다. 리드하는 사람과 따르는 사람 둘 다 배려와 양보가 필요하기 때문이지요.

형님을 보며 리더의 자세에 대해 생각해봅니다. 리더란 무엇일까요? 끌어준다는 것, 따른다는 것, 함께 나아간다는 것은 무엇일까요?

리더가 본인을 강하게 내세우지 않아도, 그가 가진 에너지가 좋아 다른 사람들이 자연스럽게 따른다면 리더십이 있다고 말할 수 있습니다. 팔로워십이 있어야 리더십이 빛을 발합니다. '무조건 내가 옳으니 나를 따르라'는 독단적인 방식으로는 리더십을 세우기 힘듭니다. 상대방에게 귀를 기울이고 발걸음을 맞추며 함께 성장하는 사람이야말로 진정한 리더입니다.

결전의 날, 형님을 필두로 시작된 훈련그룹은 서로서로 끌어주고 밀어주었습니다. 대회날이면 고도로 집중한 나머지 응원팀이 보내는 파이팅 외침에도 곁눈질 한 번 않던 형님이 풀코스 내내 웃으면서 달렸습니다. 그 모습이 너무나도 행복해보였습니다.

그를 따르는 사람들의 모습에서도 '저는 형님만 믿고 가고 있습니다! 이번에 꼭 해낼 겁니다!' 하는 무한한 신뢰가 묻어나왔습니다. 진정 조화롭고 강력한 리더십과 팔로워십이란 무엇인가 온몸으로 보여주었습니다.

서로의 믿음으로 만들어낸 결실은 대만족이었습니다. 든든한 형님과 그를 믿고 따른 사람들의 신뢰가 있었기에 함께 목표를 달성할 수 있었습니다. 이 모습을 지켜본 많은 사람들도 '우리가 함께하면 할 수 있다'는 자신감과 신뢰가 주는 엄청난 힘을 다시 한 번 느꼈습니다.

일이 되었든 운동이 되었든 사람과의 관계에서 신뢰가 가장 중요합니다. 이끄는 사람과 따르는 사람이 서로를 강하게 믿고 있으면 함께 목표로 하는 바는 분명 이뤄집니다. 설사 이번에는 하지 못했다 하더라도 다음에는 더 즐거운 기회가 기다리고 있습니다. 성실하게 노력하고 도전하는 모습을 솔선수범하여 보이며 누구라도 믿고 의지할 수 있는 한 사람이 얼마나 중요한가, 형님을 보며 리더의 자세를 배웁니다.

조금씩 즐겁게
실력을 향상하고 싶은데,
어떻게 운동하면 좋을까요?

이제 막 달리기를 시작하여 조금씩 실력을 높이기 원하는 분들을 위한 몇 가지 조언이 있습니다.

일주일에 2번
달리기는 꼭 지킨다

'일주일에 매일 달려야 해'가 아닌 '일주일에 두 번은 꼭 달리자'라는 마음가짐으로 접근하고 이 빈도는 꼭 지키려고 해봅시다. 점점 횟수가 늘어나고 러닝 마일리지(누적거리)가 차곡차곡 쌓여서 또 다른 동기부여가 생깁니다.

'무조건 달린다'는 생각보다
'걸어도 된다'는 마음가짐으로 출발해본다

달리다 힘들면 걷고, 걷다가 조금 괜찮아지면 다시 달리는 방법으로 운동해봅니다. 그렇게 달리는 거리와 시간을 조금씩 연장해가면 됩니다. 긍정적인 생각이 당신을 쭉 달리게 만들 것입니다.

타고난 차이를 인정하고
비교는 금물이다

'저 사람은 저렇게 빨리 많이 달리는데, 난 왜 제자리걸음이야'라며 다른 사람과 비교하는 태도가 아닌 '어제의 나보다 더 좋아지고 있다'라는 자신의 성장에 초점을 맞추어봅니다. 하루하루 발전하는 자신의 모습과 비교를 해야 합니다. 성급하게 자신을 탓하기보다, 조금씩 변해가는 자신을 기다려주는 지혜가 필요합니다.

혼자보다는 주위의 친구나
동료들과 함께 달려본다

혼자 달리다 보면 마음도 약해지고 포기해버리기도 쉽습니다. 그러나 평소 자신의 실력으로는 조금 무리다 싶은 속도와 거리도 같이 달리면 가능해집니다. 함께의 기적입니다. 힘든 고비가 왔을 때 함께 달리는 다른 사람은 좋은 에너지가 되어 효율성을 높여줍니다.

나에게
선물을 준다

자신에게 동기부여가 될 만한 것과 달리기가 끝나고 난 후에 보상이 될 만한 것을 생각해보세요. 저 같은 경우에는 아주 달콤한 낮잠을 스스로에게 선물합니다. 이른 새벽 움직임에 대한 보상입니다.

전문가에게 올바른 방법을
배워보는 것도 좋다

혼자하기도 어렵고 팀을 이뤄 달리다가도 궁금증이 생겨난다면 전문가에게 배워보는 것도 좋은 방법입니다. 호흡 방법, 자세, 더 속도를 내기 위한 훈련법, 준비 운동 방법과 마무리 운동 방법 등 다양한 학습을 할 수 있고 지속성도 좋아질 수 있습니다. 혼자라면 시행착오가 많을 일을 좀 더 효율적으로 습득하고 경험할 수 있습니다.

결혼 후
상처받은 자존감을 회복한
엄마 러너

다른 삶을 경험하고 싶다면 마라톤을 하라.

_ 에밀 자토펙(Emil Zátopek, 체코슬로바키아의 마라토너)

그녀는 결혼 전에 참 탄탄하고 날씬했습니다. 하고 싶은 것도 할 줄 아는 것도 많아서 늘 바빴습니다. 퇴근 후 지칠 법한 시간에도 항상 밝게 운동을 하러 오고는 했어요. 결혼 전 저와 함께 러닝클럽에서 달리기를 하며 풀코스마라톤에도 출전할 만큼 체력도 달리기에 대한 열정도 높았습니다.

　그런 그녀가 결혼을 하고 삶이 통째로 뒤바뀌었습니다. 결혼을 하고 남편의 직장 때문에 대전으로 내려간 후로는 좋아하던 일도 그만두고 아기를 낳아 기르는 데 많은 시간을 쏟았습니다. 그녀 성격상 누군가에게 아기를 맡기기보다 최대한 늦게 어린이집에 보내기를 원했고 아기를 돌보는 데 정성을 다했습니다.

아기와 보내는 시간은 행복했습니다. 그러나 그간 열심히 하던 운동은 전혀 하지 못했고, 자연스럽게 살이 쪘습니다. 예전 같지 않은 몸매와 직장에서 잘나가는 친구들과의 비교는 자꾸만 그녀를 움츠러들게 했습니다.

급기야 자기 자신에 대한 실망은 우울증으로 이어졌지요. 거울을 볼 때마다 무거워진 몸과 어두운 표정을 한 자신이 보였습니다. 삶에 활력소를 잃어가는 스스로가 점점 무서워졌습니다.

그녀는 예전 열심히 하던 달리기를 떠올렸습니다. 결혼 전 그녀는 러닝클럽에서 참 열심히 활동을 했었습니다. 퇴근을 하고 나면 집에 가 쉬고 싶었을 텐데도 바쁜 시간을 내 누구보다 열심히 달리기를 하고는 했지요.

어느 날, 그녀는 제게 연락을 해왔습니다. 저와 다시 운동을 하고 싶다고 말을 꺼냈어요. 평일에는 아기를 봐야 하기 때문에 시간을 내기가 어려워서, 주말에 남편이 아기를 봐줄 때만 달리기를 하러 서울로 왔습니다. 그렇게 1년이 넘도록 그녀는 매주 대전에서 서울로 달리기 투어를 했습니다.

예민한 성격인 데다 체력까지 떨어져 있다 보니 다시 적응하는 데 2~3달이 걸렸습니다. 결혼 전 풀코스마라톤을 완주할 정도로 체력이 좋았지만, 출산과 육아를 거치며 체력은 많이 떨어져 있었습니다. 트랙을 한 바퀴도 채 뛰지 못했고 심지어 저혈당 쇼크도 왔습니다. 그렇게 힘들어하면서도 매번 토요일마다 서울로 왔습니다.

그녀와 달리기를 하는 것은 제게도 큰 기쁨이었지만, 매주 먼 길을 이동해야 하는 것이 힘들어 보여 어느 날엔 제가 먼저 제안했습니다.

"매번 서울로 오기가 너무 힘들지 않아? 대전에서 내 선배가 러닝클럽을 하고 있어. 거기에 한번 가봐."

"저는 감독님이 편해요. 여기 와서 달리고 나면 그렇게 힘이 날 수가 없어요. 주말에 뛰고 가잖아요? 그게 동력이 돼서 한 주가 힘이 나요. 오는 것만으로 스트레스가 풀려요."

그녀가 체력적으로 좋아질 뿐만 아니라, 정신적으로도 건강해지는 모습이 참 좋습니다.

저는 그녀의 이야기를 함께 운동하는 러닝클럽 사람들에게도 나누고 소통했습니다. 그리고 힘찬 응원을 보내달라고 사람들에게 제안했습니다. 정성스러운 관심은 움츠러든 마음이 기지개를 켜게 합니다. 그녀는 달리기로 몸과 마음의 건강을 되찾고, 사람들의 응원으로 신뢰와 자신감을 충전합니다.

저는 사람들의 긍정적 성장 사례를 다른 사람들에게도 소개하고 소통하며 공유합니다. 물론 당사자에게 물어보고 공유하기 원하는 사례들을 나누지요.

사람들은 다른 사람의 이야기를 통하여 '나만 힘든 게 아니었어' 위로를 받기도 하고 힘을 얻기도 합니다. 그렇게 응원하는 분위기는 서로서로 간에 퍼져갑니다.

흔히들 달리기를 혼자 하는 운동이라고 합니다. 그러나 제가 지금껏 경험해본 달리기는 함께할 때 더욱 시너지가 나는 운동입니다. 앞에서 끌어주고 뒤에서 밀어주면, 지금껏 한 번도 경험해보지 못했던 놀라운 속도로 달리는 자신을 발견하기도 합니다.

"거봐, 할 수 있잖아!"

자신도 몰랐던 자기 속도를 발견한 것만으로도 기쁜데, 자신을 끌어주던 동료가 건네는 응원의 한마디는 찌는 듯한 한여름날 바짝 타는 몸에 들이붓는 시원한 물보다도 더 달콤하게 느껴집니다.

'아, 달리러 나오기를 잘했지! 이 사람들과 달리기를 잘했지!'

자신도 모르게 생각하고야 마는 것입니다.

응원을 받는 사람도 응원을 보내는 사람도 서로에게 타는 목에 꿀떡꿀떡 마시는 한 잔의 시원한 물 같은 존재입니다.

2.
작은 습관이
만드는
극적인 변화

지금 이루고 싶은
행동 변화는
무엇입니까?

400

200

───────────────◆ 작은 습관이
극적인 변화를 만듭니다.

성장하기 위해
노력하는
나를 사랑하자

모두가 세상을 변화시키려고 생각하지만,
정작 스스로 변하겠다고 생각하는 사람은 없다.

_ 레프 톨스토이(Lev Tolstoy, 러시아문학을 대표하는 소설가)

1998년 보스턴마라톤을 앞두고 족저근막염으로 오른발을 수술했습니다. 그해 방콕아시안게임 때는 같은 증상으로 왼발 수술을 했습니다. 그 후 1년이라는 시간 동안 끈질긴 재활과 크고 작은 부상들로 인해 복귀하기란 쉽지 않았습니다.

「신데렐라처럼 등장한 권은주, 이제 선수생명 끝인가?」

주위에서 들려오는 이야기들, 기사들, 언제 복귀할 수 있는지, 다음 대회 목표는 무엇인지에 관한 질문은 저를 침울하게 만들었습니다. 정확한 답을 줄 수 없는 마음은 여간 속상한 것이 아니었습니다.

그러나 늘 다짐했습니다. 어떻게든 복귀를 하겠다고 말입니다. 강한 의지와 자신에 대한 믿음으로 희망의 끈을 놓지 않았고 달리기 일지도 매일 빼먹지 않고 기록하면서 마음을 강하게 다잡았습니다.

수술과 재활훈련을 마치고 이제는 대회를 준비해도 되겠다 생각했던 때, 강원도로 전지훈련을 떠났습니다. 훈련은 너무나 잘되었습니다. 몸이 이전처럼 좋아지지는 않았지만 아프지 않고 달릴 수 있었습니다.

'훈련이 잘된다고 해서 조바심내지 말자.'

지나친 욕심의 끝은 부상이라는 것을 너무나 잘 알게 되었기 때문에, 조급한 마음을 내려놓으며 조금씩 훈련을 늘리고 체력을 키워나갔습니다.

새벽마다 2시간 시간주를 끝내고 숙소에 들어오면 탈진이 되어 그대로 쓰러지는 날들을 지속했습니다. 그래도 좋았습니다. 다시 달릴 수 있었으니까요. 부상으로 달릴 수 없을 땐 달리게 해달라고 기도하고 달리게 되면 우승하게 해달라고 기도하는 이기적인 사람이지만 그 기도가 부끄럽지 않도록 수많은 날들을 달리고 또 달리며 노력했습니다.

그리고 평창하프마라톤에서 3위를 했습니다. 평소 땀이 많이 나지 않는 체질인데 옷이 흠뻑 젖을 정도로 땀을 쏟아내었고, 신기록 경신 이후로 부상과 재활을 반복하던 저의 달리기는 다시 기지개를 켜기 시작했습니다.

부상에서 완전히 회복했는지 시험해보고 싶어, 그해 가을 실로 오랜만에 트랙경기에 출전했습니다. 숨통 터지는 트랙경기를 할 수 있다는 것은 부상에서 완전히 회복되었다는 뜻이기 때문입니다.

2년 만에 참가한 트랙경기에서 6등으로 결승선을 통과했습니다. 만족할 만한 기록은 아니지만 그래도 기뻤습니다. 스포츠신문 지면에는 「권은주 다시 부활」이라는 기사가 실렸고 자신감을 회복했습니다. 늘 부담으로 다가온 기자들과의 인터뷰가 고마움으로 다가온 때는 이때가 처음이었습니다.

무엇보다 기뻤던 건, 비록 최상은 아니어도 마라톤에 다시 도전해볼 수 있는 몸 상태와 해볼 수 있겠다는 자신감을 회복했다는 사실이었습니다.

그해 가을, 드디어 대회 출발선에 섰습니다. 몇 해만에 출전하는 그날의 그 기분, 그 공기는 지금도 잊히지 않습니다.

'우승이나 기록도 중요하지만, 지금 나에게는 완주가 더 중요하다.'

조급함을 내려놓고 욕심도 버리고 그저 감사한 마음으로 달리자고 마음먹었습니다. 그리고 놀랍게도 최고로 행복한 달리기를 했습니다. 지금껏 셀 수도 없이 달렸지만 그날만큼 행복했던 적이 없었습니다.

'마라톤이 이런 거구나!'

'이 지점에서는 이런 기분이구나!'

새삼스러운 감정을 느끼며 황홀했습니다. 그러나 이 좋은 기분은 지속되지 않습니다. 기분은 곧 바뀝니다.

'아! 나는 왜 달리고 있는 걸까! 이런 걸 왜 시작한 거야!'

그러나 곧 또 생각합니다.

'나 달리기 정말 좋아하네, 너무 행복해!'

달콤한 행복은 또 바뀌지요.

'언제 끝나지? 너무 힘들다…'

괴롭던 마음은 다시 바뀝니다.

'회복되네! 힘들지 않아.'

42.195km를 달리는 내내 시시각각 마음이 바뀝니다. 달리다 보면 변화하는 마음을 다잡는 시간이 되고는 하지요. 달리기를 '움직이는 명상'이라 표현하고는 하는데, 순간의 기분을 다스리고 마음을 다잡는 시간을 두고 말하기도 합니다.

요동치듯 변화하는 마음을 들여다보았습니다. 온갖 생각이 오고갔지만, 단 하나 바뀌지 않는 사실이 있었습니다.

달리기를 너무나 사랑한다는 사실이었습니다.

만족할 만한 훈련을 못했고 컨디션이 정상으로 돌아오지 않았지만 원하는 레이스를 했습니다. 마음대로 페이스를 가지고 놀면서 말이지요.

그날 1등으로 결승선에 들어왔습니다. 오랜 슬럼프를 딛고 1등을 했다는 사실보다도 마라톤이 주는 모든 장점을 몸소 느낄 수 있었기에 더 기뻤습니다.

다시 달릴 수 있는 힘을 얻었고, 희망을 되찾았습니다.

1등을 해야 한다는 압박 속에 있을 때는 그렇게도 되지 않던 일이 욕심을 버리고 임했더니 이루어졌습니다. 기어이 붙잡고야말겠다고 악을 쓸 때는 손에 잡히지 않던 일이었는데 욕심을 버리고야 내 것이 되었습니다.

슬럼프라는 구덩이 속에 있을 땐 세상이 어둡게만 보였습니다. 자신이 한없이 작게 여겨졌습니다. 아무리 발버둥을 쳐도 부상을 이겨낼 수 없었습니다. 모든 것이 내 마음 같지 않았습니다.

그럼에도 끝까지 끈을 놓지 않을 수 있었던 건, 그렇게도 저를 괴롭게 하는 달리기가 너무나도 좋았기 때문입니다. 기어코 저를 삶의 밑바닥까지 끌어내리고야마는 바로 그 달리기가 말입니다.

끝이라고 생각될 때가 있습니다. 내 한계는 바로 여기까지라고 여겨지는 순간이 있습니다. 그럼에도 불구하고 그것이, 그 사람이, 그 일이 너무 좋다면 포기하지 맙시다. 시간이 걸리더라도 꾸준히 하다 보면 이루어집니다. 반드시 그렇습니다.

욕심을 버리고 성장하는 자신에 집중합니다. 성장하려 노력하는 자기 자신을 사랑합시다. 그 사랑의 끝에서 그토록 바라던 결실을 붙잡을 수 있습니다.

천천히
나아가는 데는
용기가 필요하다

천천히 서두르라.

_ 라틴어 격언

저는 천천히 달리려고 노력합니다. 지금도 좋은 기량, 좋은 기록을 유지하고 싶은 마음은 있습니다. 그러나 저 자신을 부추기면 좋은 기량을 낼 수 있을지 몰라도 그것으로 인해 고통스럽게 달려야 한다는 것을 잘 압니다.

운동을 그렇게까지 하면 몸에 스트레스가 쌓입니다. 이제 저는 젊은 선수시절처럼 몸에 고통을 주면서까지 좋은 기록을 유지하기를 원하지 않습니다.

천천히 달리는 데도 노력이 필요합니다. 이제 막 달리기를 시작하는 단계에 있는 사람이라면 이 말이 이상하게 들릴지도 모르겠지만, 조금만 달리기를 꾸준히 해보아도 곧 알게 됩니다. 천천히 달리는 데도 노력이 필요하다는 것을 말입니다.

평소 기분 좋게 달리는 속도보다 천천히 달리겠다고 마음먹고 달리기 시작해도 조금만 지나면 자신도 모르게 속도를 내게 되거든요.

한때 한국 여자 마라톤 신기록을 가지고 있을 때는 '제일 잘 뛰는 사람 권은주'라는 타이틀에 욕심이 있었습니다. 그 타이틀을 유지하고 제 기록을 뛰어넘기 위해 노력했습니다. 그런데 잦은 부상을 겪으면서 욕심을 자연스럽게 내려놓으며 깨달았습니다. '제일 잘 뛰는 사람 권은주'라는 타이틀은 제 자신의 욕심이기도 했지만 다른 사람에게 보여주기 위한 제 모습이기도 하다는 점을 말이지요.

저에게는 '이렇게 잘 달리고 좋은 기량을 유지하고 있다'라고 저를 증명하고 싶은 마음이 있었습니다. 그러다 보니 부상이 잦은데도 쉬지 못하고 달리고 '더, 더 잘해야 한다'고 자신을 부추기기도 했습니다. 그랬더니 그렇게나 좋아하던 달리기가 싫어지려고 했습니다. 부상으로 아픈 몸보다도 좋아하는 마음이 사라지는 것이 더 두렵고 무서웠습니다.

'다른 사람들에게 보여주어야 하는 것은 좋은 기록일까?'

몸이 아프다고 아우성을 치는데도 좋은 기록을 위해 달리고 또 달려 얻은 기록은 저의 진심일까요? 그것은 진심도 진실도 아닙니다.

이러한 사실은 다른 사람들을 가르치며 더욱 절실히 깨닫고 스스로도 배울 수 있었습니다. 고통스럽게 달리는 모습이 아니라, 즐겁게 달리는 모습을 보여줄 때 좋고 선한 영향력이 된다는 점을 말이지요.

다른 사람들에게 보여주고 싶은 것이 있다면, 재미있게 달리는 모습입니다. "대단하세요!" 하는 말을 듣는 것보다 "즐기면서 뛰시네요!" 하는 말을 듣는 편이 더 좋습니다. 달리기가 신나고 재미있는 운동이라는 것을 보여주고, 그럴 수 있도록 돕는 일이 제가 해야 할 역할이라고도 생각합니다.

지금도 이런 질문을 받습니다.

"감독님, 지금도 서브3 할 수 있으세요?"

저는 이제 서브3를 해야겠다는 마음이 없습니다. 다 해봤기 때문에 지금은 그것을 더 하고 싶은 욕심이 없습니다. 그 기록을 내기 위해 또 예민해질 거고 쉬지 못할 걸 알기에 하지 않을 겁니다.

선배 중에 환갑의 나이에 서브3를 하신 분이 있습니다. 지금도 날씬한 몸매와 날렵함을 유지하고 계시지요. 그 선배님께는 그것이 만족입니다. 저의 만족은 거기에 있지 않습니다. 각자의 만족은 저마다 다릅니다.

기분 좋게 달릴 수 있으면 만족합니다. 그러나 여기에도 기준은 있습니다. 기분 좋게 달리기 위해 제가 정해놓은 기준입니다. 10km는 50분 정도로 언제든 뛰면 좋겠고 풀코스마라톤은 3시간 30분으로 언제든 뛰면 좋겠습니다. 이 정도 기준은 너무 많은 고통과 힘듦을 감내해야 하는 기록은 아닙니다. 딱 그 정도를 하려고 합니다.

1km당 5분 페이스로 달리는 기분이 너무 좋습니다. 이 정도로 즐기면서 달리기 위해서도 관리를 해야 합니다. 지금도 근육을 유지하기 위해 일주일에 두 번씩 PT를 받고 네 번씩 근력운동을 합니다. 이 노력들이 모두 천천히 달리기 위하여 하는 노력 가운데 몇 가지들입니다.

가지고 있는 에너지를 쓰기만 하고 충전하지 않으면 언젠가 고갈됩니다. 바닥이 나서 앞으로 나아갈 힘을 내기가 힘듭니다. 반드시 충전해야 합니다.

인생도 달리기도 마찬가지입니다. 인생에서 달리기가 에너지가 되어준다면, 그리고 그것을 삶의 에너지로 삼고 싶다면 반드시 충전을 단단히 해두어야 합니다.

자신을 혹사시켜가면서까지 하면 삶의 에너지가 되어주는 것이 아니라, 일상에 지장을 주는 때가 반드시 옵니다. 부상을 당해 일을 제대로 할 수 없다든지 좌절하는 마음이 쌓여 자신 감을 잃게 한다면 되돌아보아야 합니다.

'무엇을 위하여 나는 이것을 하는가'

'왜 나는 이것을 선택했는가?'

삶의 에너지를 충전하는 도구로 삼으면 좋겠습니다. 자존감을 높이고, 활력을 북돋우고, 앞으로 나아가게 하는 건강한 도구로 삼기를 응원합니다. 그러기 위해서는 천천히 달리는 시간도 필요합니다.

천천히 나아가는 스스로를 응원해주세요. 앞으로 나아가기 위하여 당신의 몸과 마음은 힘을 쓰고 있을 것입니다. 스스로는 비록 깨닫지 못하고 있다 하더라도 말이지요.

그러므로 천천히 달리는 데는 용기가 필요합니다. 자신을 응원하는 굳센 마음과 자신을 온전히 인정하는 올곧은 용기가 말이지요.

시즌 때 대회에
어느 정도 나가는 게
좋을까요?

시즌이 되면 매주 주말마다 전국에서 몇 개의 대회가 열릴 만큼 많습니다. 대회마다 모두 참가할 수는 없는 노릇이지요. 시즌에는 대회가 자주 열리는 만큼 전략이 필요합니다. 선수들도 대회에 전부 참가하지 않습니다. 전략적으로 참가합니다.

목표가 있는
대회 하나를 정해두고 공략하자

'이번 대회에서 최고 기록을 세우겠다'는 뚜렷한 목표가 있다면 대회 하나를 정해두고 공략하는 전략을 세우면 좋습니다.

가령 풀코스마라톤 대회에서 기록 달성이 목표라면 대회 2~3주 전에 하프마라톤 대회에 나가보는 것을 추천합니다. 10km대회는 한 달에 한 번 혹은 2주에 한 번 기량을 점검하는 차원에서 참가합니다. 점검하며 자신에게 부족한 부분을 채워나가면 좋습니다. 그것이 훈련이 됩니다. 선택과 집중을 합시다. 무조건 나가겠다는 생각은 위험할 수 있습니다. 욕심내어 신청한 대회에서 몸 상태가 여의치 않아 다치는 것보다 그 편이 좋습니다.

'하나 얻어 걸려라' 식의 참가는 지양하자

무작정 여러 대회에 참가하며 '그 중 기록이 잘 나오는 대회도 있겠지' 대강 기대하면서 '하나 얻어 걸려라' 하는 식의 대회 참가는 옳지 않습니다. 그렇게 되면 경제적인 지출도 만만치 않습니다. 다음 해가 되면 '그 대회 나가 봤으니까 안 나가도 돼'라며 도장깨기식의 출전이 될 수도 있습니다. 대회를 소중한 경험으로 삼으면 남는 바가 더욱 큽니다.

횟수 채우기에 집착하지 말고 의미를 생각하자

풀코스대회에 일주일 간격으로 참가하는 건 너무 자주입니다. 쉽게 지칠 수 있고 부상이 오기도 쉽습니다. 몸도 쉴 시간이 필요합니다.

대회 100회 완주는 너무나 축하할 일이고 대단한 일이지만, 100회를 채운다는 목표만을 위해서 참가하는 건 좋지 않습니다. 100이라는 큰 단위보다 대회 하나하나를 소중히 여기고 각 대회가 주는 의미와 기쁨에 더 집중해보면 좋겠습니다.

게다가 매주 대회에 나가면 너무 비싼 취미가 됩니다. 점점 참가비용도 오르고 있지요. 신발 사고, 옷 사고, 약 사고, 아프고, 병원 가는 수순이 되면 안 됩니다.

즐기며 달리는 대회와 기록을 위한 대회를 구분하자

제주도에서 열리는 대회나 하와이 호놀룰루마라톤 등 풍경이 너무나 아름다운 장소에서 열리는 대회가 있습니다. 그런 대회에 참가할 때는 기록보다는 아름다운 풍경이 주는 낯선 즐거움을 만끽하고, 여유롭게 함께 참가한 사람들과 즐기고, 응원해주는 주민들의 분위기를 느끼며 달리면 더 좋습니다. 기록을 위한 대회와 즐기기 위한 대회를 구분하여 참가하면 평소 해보지 못했던 경험을 200% 만끽할 수 있습니다.

질투심을
건강한 투지로 바꾸는
지혜가 필요하다

자신의 힘으로만 살아가는 것이 아니라,
서로 의지하고 도와가며
행복한 관계를 유지하는 것이 지혜입니다.

_ 달라이 라마(Dalai Lama, 티베트 불교의 지도자)

좋은 선배란 어떤 사람일까요? 언젠가 한 연예인이 텔레비전에서 '선배 대하는 게 더 쉽다, 후배가 더 대하기 어렵다'고 하던데 그 말에 참으로 동의합니다. 후배일 때는 좀 몰라도 배우면 된다는 자세를 가질 수나 있지만, 선배 입장이 되면 무언가 주어야 할 것 같고 어른스러워야 할 것 같고 왜인지 눈치도 보게 되고 하지요.

선수시절, 늘 함께 달리며 이끌어주던 선배가 아파서 훈련을 할 수 없을 때 혼자 달린 적이 있었습니다. 매번 선배가 끌어주면 따라가기만 하면 되었는데, 이번엔 혼자서 훈련 결과를 내야 했어요. 그게 여간 부담스러운 것이 아니었습니다.

함께 달리며 저를 이끌어주던 선배처럼 저도 후배에게 그런 사람이 되고 싶었는데, 마음 같지 않은 순간들도 많습니다.

생각하면 참 미안한 후배가 있습니다. 우리는 훈련하고 먹고 자며 참 많은 시간을 함께했습니다. 지나고 보면, 서로 응원하는 선의의 경쟁자가 되어 시너지 효과를 낼 수도 있었을 텐데 그러지 못했습니다.

훈련은 온통 경쟁뿐이었고, 저는 선배이면서도 후배를 따뜻한 온기로 품을 여유가 없었습니다. 지금이라면 '이런 건 아무것도 아니야!' 넘겨버렸을 일들도 20대 초반의 제 작은 세상에선 참 큰일처럼 여겨졌던 것 같습니다.

당시 우리 팀은 겨울이 되면 중국 윈난성의 쿤밍으로 전지훈련을 떠났습니다. 해발 2000m 가까이 되는 훈련캠프였는데, 기온도 우리나라 봄 날씨처럼 포근해서 매년 그곳을 찾았습니다.

감독님과, 식사를 준비해주시는 이모님, 후배들과 떠난 전지훈련은 그 어느 때보다도 중요한 시간이었습니다. 룸메이트이자 제 마음을 누구보다도 잘 헤아려주는 마음 깊은 후배가 있어 힘든 훈련은 늘 소소한 재미가 함께하기도 했습니다.

후배와 저는 틈이 날 때면 맛있는 현지 군것질거리도 사먹으면서 힘겨운 훈련에 힘을 얻곤 했습니다. 우린 서로를 응원하며 누군가 뒤처지면 끌어주고 늦춰주면서 호흡을 잘 맞춰갔습니다. 서로 의지하고 응원하고 같이 성장했습니다.

그러나 후배에게는 차마 말하지 못했지만 당시 제 심리적 상태는 가끔 엉망이 되기도 했습니다. 아무리 친한 사이여도 달리기에서만큼은 제가 최고이길 바라는 이기심이 작동했습니다. 대회가 가까워올수록 몸이 좋아지는 후배를 보면서 응원하는 한편, 저의 자리가 위태롭다는 걱정을 하며 예민함이 극에 달했고 컨디션도 뒤엉키고 있었습니다.

겉으로는 좋은 척을 했지만 마음 한구석에서는 쫓기는 기분이 들어 여간 불편한 것이 아니었습니다. 여기에 더해 감독님도 후배를 뜨는 해로 여기며 강한 애정을 보여 질투심까지 생겼습니다.

아니나 다를까 대회 일주일 전, 식이요법 식사가 두 끼 지난 저녁시간 일이 벌어졌습니다. 저는 아침부터 먹은 고기를 다 게워내고 탈진이 되어 쓰러지고 말았습니다.

곧장 병원 응급실을 찾았습니다. 의사는 탈수에 빈혈까지 겹쳐서 몸 상태가 좋지 않다 했습니다.

'어휴, 참 바보 같고 미련하고 현명하지 못해라.'

얼마나 자책했는지 모릅니다. 너무 좋아하는 후배가 잘 달리는 모습을 왜 응원을 못해주고 있는지 속 좁고 질투 가득한 선배가 된 제 모습이 너무나 창피하고 싫었습니다. 그러느라 망가진 몸은 더욱 원망스러웠습니다.

'당장 이번 주말에 대회에 나가야 하는데, 훈련 마지막 단계인 식이요법만 잘 마치면 올림픽 참가 티켓을 거머쥘 수 있는데…'

병원 응급실에 누워 눈물을 흘리면서도 이대로 시작도 못해보고 포기할 수는 없다며 몸과 마음을 추슬렀습니다.

대회 날, 비록 최상의 컨디션으로 출발선에 서지는 못했지만 그동안의 훈련을 믿고 한번 가보기로 했습니다.

초반 출발은 좋았습니다. 후배와 함께 선두그룹을 형성해 치고 나가며 후배에게 당부했습니다.

"절대 나오지 말고 뒤에 바짝 따라와."

바람막이가 되어주고 싶었습니다. 앞에서 바람을 막아주면 뒤에 달리는 사람은 힘을 덜 쓸 수 있습니다. 그렇게 달리다가 마지막 지점이 가까워 오면 뒤에 달리던 사람이 비축해둔 힘을 내어 앞서 달리는 전략입니다. 급수대를 지날 땐 물 보급도 직접 해주며 20km까지 함께 달렸습니다.

하지만 거기까지였습니다. 급격한 체력저하로 저는 선두그룹에서 이탈했고, 멀어져가는 후배의 등을 바라보며 끝까지 잘 밀고 가길 진심으로 바랐습니다.

그때부터 레이스를 포기할 것인가, 그대로 밀고 갈 것인가를 고민하며 한 발 한 발 내디뎠습니다. 집중력을 잃었을 때쯤 누군가 큰소리로 외쳤습니다.

"제가 바람 막아 드릴게요! 같이 달려요!"

그 분이 아니었다면 저는 포기했을 겁니다. 뒤에 붙어 달린 덕분에 다시 집중력을 되찾았고 선두그룹에서 이탈한 선수들을 한 명씩 따라잡기 시작했습니다.

'지금쯤이면 후배는 결승선에 들어갔겠지.'

생각하는 찰나, 눈앞에 보이면 안 되는 사람이 보였습니다. 후배였습니다.

'겨울 내내 독하게 운동한 우리였는데! 내가 안 되면 너라도 했어야지! 너가 지금 내 시야에 들어오면 어쩌자는 거야.'

터져 나오는 울음을 겨우 참았습니다. 소리 없는 외침을 하며 속으로, 속으로 울었습니다. 질투하는 마음도 이기심도 모두 무의미했습니다.

결과는 후배가 5위, 제가 6위였습니다. 우리의 올림픽 도전기는 그렇게 막을 내렸습니다.

마라톤은 혼자 달리는 운동이지만 숙소생활은 함께 생활하기에 숙소분위기는 물론 서로의 관계도 훈련에 참 많은 영향을 끼칩니다. 서로의 장단점을 잘 알아서 진심으로 힘이 되는 관계가 있는가 하면, 처음부터 마음의 벽을 쌓고 밀어내기만 하는 관계도 있지요.

선배 한 명 없이 오직 팀 멤버가 그 후배 하나뿐이었을 때가 잠깐 있었는데도 우리 사이에는 좁혀지지 않는 어색한 기류가 있었습니다. 다른 팀으로 옮겨 갈 때까지 계속 그랬습니다.

지금에 와서 돌이켜보면 선배인 제가 먼저 다가갔어야 했는데 참 후회됩니다. 제가 너무 옹졸했습니다. 조금만 양보하고 욕심을 버렸다면 돈독한 선후배 사이까지는 아니더라도 좋은 동료가 될 수 있지 않았을까 싶습니다. 서로의 성장에도 더 좋았을 테지요.

지금은 각자의 자리에서 활발하게 활동하며 가끔 안부를 묻는 사이로 지내고 있습니다. '처음부터 잘 지냈다면 어땠을까?' 하는 생각을 시간이 많이 지난 지금도 종종합니다.

살다 보면 경쟁자가 생깁니다. 선의로 경쟁할 수 있는 사람이 있다는 건 참 행운입니다. 상황에 처해 있을 당시에는 상대방이 미울 때도 있고 질투가 날 때도 있겠지만, 그 마음을 건강한 투지로 바꿀 줄 아는 지혜가 필요합니다.

"너의 최선을 다하길 바란다. 나도 나의 최선을 다 하겠다"

그러한 마음가짐이 필요합니다.

포기를 해보면
자신의
밑바닥을 안다

어딘가에 도달한 모든 이는
모두 자신이 원래 있었던 곳에서 시작했다.

_로버트 루이스 스티븐슨(Robert Louis Stevenson, 소설가이자 시인)

인생을 살아가다 보면 다시 태어나는 순간을 맞이할 때가 있습니다. 자신을 둘러싸고 있던 딱딱하고 견고한 껍질을 깨부수고 다른 자신이 되는 순간입니다. 얄궂게도 혹독하고 모진 경험을 하고서야 '다시 태어나는 나'를 만날 수가 있지요. 그날의 저처럼 말입니다.

"'권은주가 정말 잘하는구나!'를 보여주고 싶어요."

앳된 제가 모니터 너머 있습니다. 부산아시안게임 경기를 앞두고 한 인터뷰 영상입니다. 몇 번의 기회가 물거품이 되고 어렵게 참가한 국가대표로서의 첫 경기였죠.

이날 이 경기는 평생 잊지 못하는 날입니다. 수많은 날 동안 이날의 경기를 생각하고 또 생각했습니다. 너무도 괴로워서 잠시쯤은 잊고 싶어도 머릿속에 자동으로 재생되는 날들이 숱했습니다. 그때마다 밑바닥 끝까지 추락해 갈기갈기 찢기는 기분을 반복해서 느껴야 했습니다.

그날의 대회를 위해 석 달가량 춘천에서 훈련을 했습니다. 어느 때보다 컨디션이 좋았습니다. 2주마다 있는 40km 거리주도 순조롭게 소화했습니다. 이번에는 정말 뭔가를 할 수 있겠구나, 코치님도 감독님도 기대에 차 있었습니다.

무엇보다도 제가 자신이 있었습니다. 힘든 훈련이지만 매번 성과가 좋았기 때문이지요. 부상 없이 훈련을 소화했고, 강도 높은 훈련도 잘 마무리했습니다. 그 어느 때보다도 행복하고 자신감 넘치게 대회를 준비했기에, 기록을 조금도 의심하지 않았습니다.

좋은 성적을 위해 대회 두 달 전, 일본 신발 장인에게 의뢰해 맞춤 레이스화를 제작했지요. 일본의 올림픽 및 아시안게임 메달리스트 신발을 만들었던 신발 장인이 한국에 들어와 이봉주 선수, 김이용 선수, 그리고 저의 레이싱화를 맞춤 제작했습니다.

'이번엔 정말 보여줄 거야.'

하지만 순조롭게 진행되던 훈련에 조금씩 금이 가기 시작했습니다. 대회 한 달여를 앞두자 고관절 쪽에서 신호를 보내기 시작했습니다. 운동 강도를 올리면서 무리가 간 거라 생각하고 며칠 휴식을 가져보았지만 통증은 좀처럼 나아지지 않았습니다. 타는 제 마음과 다르게 몸은 느리게 반응하여 휴식시간은 점점 더 길어졌죠.

대회 날짜는 임박해 오는데 부상은 회복될 기미를 보이지 않자, 초조함이 밀려와 몸도 마음도 극도로 예민해졌습니다. 훈련하고 들어오는 동료들을 볼 때마다 아무것도 할 수 없이 손 놓고 있어야 하는 제 자신이 답답해서 미칠 것만 같았습니다. "오늘은 어떠니?" 하며 몸 상태를 물어오던 코치님도 더 이상은 안부조차 묻지 않기 시작했습니다.

대회 3주 전은 정말 중요한 시기입니다. 그런데도 훈련을 함께할 수 없어서 훈련시간에 걷기만 했습니다. 그리고 매일 기도했어요.

'달릴 수만 있게 해주세요.'

'출발만이라도 할 수 있게 해주세요.'

숙소가 답답해 혼자 산책이라도 나간 길에는 억울하고 원통해서 목 놓아 울고 들어오곤 했습니다.

'정말 열심히 했잖아요! 왜 이런 시련을 주세요?'

누구에게 하는지도 모를 하소연을 쏟아내다가, 그 화살은 제 자신에게로 매일 밤, 매일 아침, 매 순간 날아왔습니다. 속도 모르고 대회는 코앞으로 다가왔고 더 이상 물러설 곳이 없었습니다.

이를 악물고 훈련한 모든 날들이 주마등처럼 스쳐갔습니다. 숨이 넘어갈 듯 인터벌 훈련을 했던 날들, '10분만 더'를 되뇌며 쓰러질 것 같은 몸으로 달리던 날들, 뜨거운 태양이 이기나 내가 이기나 경쟁이라도 하듯 버텼던 시간들, 소금기 가득한 얼굴로 기진맥진하며 훈련을 마무리하던 날들… 이대로 포기할 수는 없다고 다짐했습니다.

너무나도 서고 싶던 무대였기 때문이지요. 그날을 늘 꿈꾸었습니다. 머릿속으로 매일 대회 날을 그렸습니다. 그 무대에 올라갈 수 있는 기회를 절대 포기하고 싶지 않았습니다.

'지금 컨디션은 최악이다. 그래도 그동안 훈련한 나를 믿어보자.'

비록 최상의 컨디션은 아니지만 가보기로 했습니다.

"그래도 은주야, 메달 안 따도 괜찮으니까 기권은 하지 마."

부모님은 응원을 하면서도 당부의 말도 잊지 않으셨고, 코치님도 신신당부를 하셨죠.

"은주야, 기권은 절대 안 된다!"

국가대표로 참가하는 대회에서 기권은 있을 수 없는 일이라고 거듭 말씀하셨습니다.

대회 전날, 수면제를 먹고 잠자리에 들기까지도 기권은 있을 수 없는 일이라고 다짐에 다짐을 했습니다.

'나는 완주한다. 이겨낸다. 나는 완주한다. 이겨낸다.'

일본, 북한, 한국, 중국 등 각 나라 대표 선수들이 무리지어 출발했습니다.

20km까지는 괜찮았습니다. 선두그룹에 최대한 붙어서 갔습니다.

'달리다 쓰러지는 한이 있더라도 힘을 다 쏟아 내야 해.'

다짐과는 반대로 다리는 말을 듣지 않았습니다. 선두그룹과 거리 차이가 나기 시작했고 점점 힘이 들었습니다. 뒤따라 달리던 선배 언니가 지나쳐갈 때 깨달았습니다.

'모든 게 망가지고 있다. 정신도, 몸도.'

그래도 가야 했습니다. 페이스가 떨어지고 컨디션이 회복되지 않아도 한 발씩 앞으로 전진했고, 주로에서 응원하는 분들도 안쓰러웠는지 목청껏 외쳤습니다.

"이겨 내야 돼요!"

"멈추면 안 돼요! 가야 돼요!"

고통이 저를 집어삼켰습니다. 몇 번의 어지러움과 비틀거림이 지나자 구역감이 올라왔습니다. 새벽에 먹은 찹쌀밥은 먹은 지 5시간이 훌쩍 지나 게워낼 게 없을 텐데도 헛구역질이 났습니다.

40km 지점이었을까요?

"다 왔는데 그러지 말아요. 할 수 있어요!"

어렴풋이 들려오는 목소리를 마지막으로 저는 정신을 잃었습니다. 눈을 떴을 때는 이미 앰뷸런스 안이었습니다. 뜨겁고도 찐한 눈물이 멈추지 않았습니다.

'어떻게든 결승선은 통과했어야 했는데, 걷더라도 들어왔어야 했는데. 그대로 정신을 잃어버리면 안 되는 거였다고!'

인생에서 가장 큰 실패와 좌절, 평생 씻지 못할 오점을 그렇게 쓰고 말았습니다.

'그때는 그게 최선이었을까, 정신을 잃지 않을 수는 없었을까, 무엇이 잘못되었을까.'

돌이킬 수 없는 날들을 생각하고 또 생각했습니다. 눈을 감으면 저를 바라보던 코치님의 눈빛이 생생히 떠오르는 괴로운 밤과 낮을 숱하게 보냈습니다. 그럴수록 마음은 더 괴로워질 뿐이라는 것을 알면서도 그 지옥에서 빠져나오는 데 오랜 시간이 걸렸습니다.

그날 이후로 인생의 큰 배움을 얻었습니다. 결과가 좋지 않아도 마무리는 해야 한다는 사실을 절절히 깨달았어요.

걸어도 됩니다. 그러나 일단 시작한 레이스라면 포기하지 말아야 합니다.

천천히 오래 달리기 훈련을 시작했어요. 어떻게 하면 좋을까요?

천천히 달리는 데도 노력이 필요합니다. 달리기를 이제 막 시작하는 단계에 계신 분은 '그게 무슨 말이세요?' 하시고는 하지만, 조금만 달리기를 꾸준히 해보아도 알게 됩니다. 달릴수록 자기도 모르게 점점 속도가 붙는다는 것을요.

천천히 오래 달리는 데 도움이 되는 훈련 방법을 소개합니다.

현재 나의 체력을
알아야 한다

주위에서 러닝을 추천한다고 해서 무작정 시작하면 지속적으로 유지하기 어려워져요. 자신의 현재 컨디션과 생활 습관에 러닝이라는 취미를 조금씩 녹여 들인다고 생각하면서 시작해보세요.

첫 주에는 30분 이상 걷기를 매일매일 해보세요.

2주차에는 30분 이상 걷기와 10분 걷기, 10분 러닝하기(2회)를 번갈아가면서 해보세요. 이때 달리는 속도는 중요하지 않습니다. 땅에서 발만 떼서 앞으로 이동시킨다는 느낌으로 아주 천천히 해보세요.

3주차에는 러닝시간을 5분에서 10분 늘려보세요.

4주차에는 30분을 아주 천천히 완주해보세요.

여기까지 충분히 잘해왔다면, 다음으로 거리에 대한 감각을 익혀봅니다.

먼저 30분에 몇 km를 갈 수 있는지 체크해보세요. 그리고 그 거리만큼의 1km 속도를 느껴보세요.

이렇게 5km를 달릴 수 있을 때 속도에 변화를 주면서 3km도 달렸다가 1km도 달리면서 리듬감을 느껴보세요.

이것을 일주일에 2~3회 빈도로 해봅니다.

여기에서 가장 유의해야 하는 건 흔들리지 않는 마음입니다. 옆에서 달리고 있는 사람이 아무리 빨라도, 주위에서 느리다고 한마디씩 하더라도 온전히 자기만의 페이스로 달려야 합니다. 이 말은 자신의 컨디션을 최우선으로 삼고 집중하라는 말과 같아요. 자기 몸의 컨디션은 자신이 가장 잘 압니다. 다른 사람이 보내는 시선과 말 때문에 몸을 혹사시키지 말기 바랍니다. 그에 따른 결과에 대한 책임도 자신이 져야 한다는 사실도 잊지 않기 바랍니다.

발전하는 나를 발견하는
러닝 일지를 쓴다

그날의 날씨와 식사, 체중, 기분, 운동내용 등을 기입하면 꾸준히 노력하고 있는 자신을 발견할 수 있고, 느리지만 발전해가는 자신의 모습에 또 다른 동기부여가 됩니다. 달리기에 대한 열정이 이전보다 덜한 상태인 소위 런태기가 왔을 때 한 번씩 꺼내보면 다시 시작하고 싶은 에너지가 생깁니다.

근력운동을
추가한다

러닝을 통해 근력이 강화되기도 하지만 러닝에 필요한 근력운동(코어, 고관절, 중둔근, 발목근력 강화 등)은 일주일에 2~3회 정도 조금씩 해주면 부상방지에 많은 도움이 됩니다. 제가 좋아하는 근력운동은 월싯(wall sit, 벽에 등을 대고 앉은 자세로 2분 버티기), 계단운동, 사이드플랭크, 팔굽혀펴기입니다. 외에도 일주일에 두 번씩 PT를 받고 네 번씩 근력운동을 합니다. 균형있는 몸을 만드는 데도 좋으니 근력운동 습관을 들여보시기 바랍니다.

운동 후
스트레칭과 마사지는 꼭 한다

운동을 시작할 때 하는 준비운동도 중요하지만 다음날 컨디션 회복을 위해서는 마무리 운동과 마사지 또한 중요합니다. 러닝을 취미로 시작하셨다면 이 두 가지 리커버리는 습관처럼 만들어주시면 좋습니다.

대회의 여러 모습을
경험해보자

풀코스마라톤 완주까지 얼마나 많은 시간을 할애하실지 모르지만, 성취감이라는 멋진 경험을 자주자주 해보시는 것을 추천합니다. 10km 완주, 10km 기록단축, 10km 실패, 하프마라톤 성공 등 러닝에서 경험할 수 있는 여러 가지 단계를 밟아본 다음 풀코스마라톤에 도전해보세요. 풀코스마라톤을 마치 밀린 숙제처럼 해치우는 것이 아니라 러닝을 꾸준히 하는 과정 속에 자연스럽게 완주까지 이어지면 좋겠습니다.

고통으로 마라톤을 경험하지 않으셨으면 합니다. 성취감과 뿌듯함, 다음을 기약할 수 있는 즐거운 존재로 각자의 인생에 마라톤이 자리 잡기를 바랍니다.

자기만의 리듬을
가진 사람은
자유롭다

모든 사람은 자기만의 자유로운 영혼을 가지고 있다.
모든 장미 꽃봉오리에 장미가 숨어 있듯이.

_ 루돌프 슈타이너(Rudolf Steiner, 인지학의 창시자로 알려진 오스트리아의 학자)

고등학교 재학시절에 운동장 트랙을 페이스에 맞게 착착 달리고 있으면 옆에서 스피드 훈련을 하고 계시던 감독님이 놀리고는 했습니다.

"너희들 무슨 생각하면서 달리니? 아무 생각이 없지?"

그러면서 아무 생각 없이 다람쥐 쳇바퀴 굴리듯 달리는 종목이 마라톤이라고 말씀하셨습니다. 당시에는 어린 마음에 여간 불쾌한 게 아니었습니다. 고까운 마음에 심지어 이렇게도 생각했어요.

'단거리 훈련과 장거리 훈련을 차별하고 종목 비하를 하시

는 걸까? 우리도 계획이 있고 생각을 하면서 달리는데 무슨 말씀을 저리 하시는 거야!'

그런데 30년이 넘도록 달리기를 해보니 정말로 '그냥 달리게' 되었습니다. 달리기에 온 정신을 집중하고 숨 가쁘게 훈련하고 식단을 관리하는 그 모든 행위가 '그냥 달린다'라는 단순한 표현으로 충족이 되었습니다.

'그냥 달린다'는 말은 목표가 없다거나 기록 욕심이 없다는 말이 아닙니다. 의지력이 없다는 말도 아닙니다. '나의 달리기에는 이유가 없다'라는 표현이 맞을 것입니다.

컨디션이 좋으면 좋은 대로, 안 좋으면 안 좋은 대로 달립니다. 처음 달릴 때는 몸이 안정적이지 못합니다. 호흡도 가쁘고 심장도 쿵쾅거립니다.

그러나 계속 달리다 보면 몸이 '달리는 나'를 적극적으로 받아들이게 됩니다. 호흡도 차분해져가고 자세도 점점 안정적이되고 움직임에 리듬도 생깁니다. 체형이 탄탄해지고 다리에 근육도 생겨 단단해집니다. 그렇게 식사하기나 잠자기처럼 생활의 일부로 자연스럽게 자리를 잡아갑니다.

반복적인 훈련을 통해 온전히 나의 리듬을 만든다면 또 다른 러닝세계가 열립니다. 이 모든 과정 속에 그냥 달린다는 마음도 아주 중요합니다.

오늘과 내일의 몸이 다르고, 1년 전과 1년 후의 몸이 다릅니다. 우리는 많은 시간을 훈련에 투자하면서 실력도 올리고 건강도 유지할 수 있습니다. 꾸준히 반복하기 위하여 시시각각 바뀌는 컨디션에 너무 민감하게 반응하지 않았으면 합니다. 자신의 몸에 귀를 기울이고, 끈기 있게 나의 길을 가는 것입니다.

많은 분들이 질문하십니다.

"리듬감을 가지고 달리라고 하는데 어떻게 해야 하는 걸까요?"

'리듬'이라는 단어를 들으면 무엇이 연상되시나요? 음악의 선율이 연상되지 않나요? 경쾌하고, 부드럽고, 강하고 약한 음이 조화로운 선율 말입니다.

리듬을 가지고 달리라는 말은 그러한 선율을 몸에 장착하고 달리는 상태입니다. 리듬 있는 동작에는 호흡도 팔동작도 부드럽게 연결되는 간결함이 있습니다. 달리면서 경쾌함을 느끼고, 부드러운 몸동작을 느끼고, 강약 조절을 하고 있다 느낀다면 이미 리듬을 가지고 있는 것입니다.

각자의 리듬은 한 번에 만들어지지 않습니다. 반복적인 훈련을 통해서 몸이 익히게 됩니다. 달리면서 느낀 최상의 몸 동작과 기분을 기억해두었다가 다음 달리기 때 그 경험을 기억에서 꺼내어 움직여봅니다. 기억해두었다고 하지만 처음 몇 분간은 어색할 수도 있어요. 달리며 조금씩 지난 경험을 생각해내며 몸으로 실현시킵니다. 점점 경쾌해지는 몸과 기분을 느낄 수 있을 겁니다.

꾸준함이 기본입니다. 반복하며 좋은 느낌을 기억시켜야 합니다. 반복할수록 좀 더 빨리 리듬의 기억을 끄집어낼 수 있습니다. 어렸을 때 했던 것을 성인이 되어 아주 오랜만에 했는데도 의외로 잘하는 것들이 있지 않나요? 몸이 기억했기 때문입니다.

어릴 때 배웠던 악기나 운동이 어디 가지 않습니다. 달리기도 마찬가지입니다. 달리며 느낀 좋은 기분을 마음속에 저장해두세요. 나중에 뛰면서 이 기분을 찾아내면 리듬을 찾은 것입니다. 자신이 편안한 느낌이면 다른 사람이 보기에도 편안합니다. 그것이 바로 조화로움입니다.

정답이 있지 않습니다. 개인마다 다릅니다. 사람의 몸은 모두 다릅니다. 팔이 긴 사람도 있고 다리가 짧은 사람도 있고 허리가 긴 사람도 있습니다. 모두 다른 몸을 가진 사람들에게 공장에서 찍어내듯 정형화된 동작을 일괄로 가르쳐서는 안 됩니다. 각자의 신체에 맞는 리듬을 찾아나서야 합니다.

각각의 동작이 부드럽게 만들어지면 편안한 상태에 이릅니다. 리듬감을 찾으면 더 멀리 갈 수 있고 더 빠르게 갈 수 있습니다.

리듬은 건강한 반복입니다. 간혹 보여주기 용으로 바디프로필을 찍기 위해 단기간에 살을 빼고는 오히려 건강이 안 좋아지거나 요요현상이 와서 살이 더 찌는 경우도 있습니다.

보여주기 위해 극단적인 방법을 택하기보다 자신의 의지로 할 수 있는 식단으로 꾸준한 관리를 2~3개월에 걸쳐 천천히 하면 이후에는 조금 느슨하게 식단을 관리해도 이전의 살찐 몸으로 쉽게 돌아가지 않습니다.

달리기에서도 마찬가지입니다. 이런 분들을 종종 봅니다. 뛰다 보니까 성장 속도가 빨라서 목표를 잡습니다.

'마라톤에서는 서브3는 해야 한다던데'

하며 단기간에 욕심을 내기 시작합니다. 빠르게 목표를 달성하려다가 부상이 옵니다. 몸이 안 따라주니 마음도 우울해집니다. 바닥까지 내려간 몸과 마음은 그곳에서 헤맵니다.

이런 경우 다시 예전 리듬을 찾기가 훨씬 힘듭니다. 기억 속에 안 좋은 기분이 많기 때문입니다. 그래서 저는 리듬을 기억할 때 기분 좋은 몸의 자세를 기억하라고 강조합니다. 좋은 기분은 쉽게 잊히지 않기 때문입니다.

기록만을 위해서 뛰는 사람들이 있습니다. 마일리지를 보여주기 위해서 뛰는 사람도 있습니다. 평생 이 좋은 취미를 그렇게 하나하나 보여주기 위해 운동하다 보면 지치기 마련입니다. 꾸준하게 운동하다 보면 자연스럽게 좋아집니다. 자신의 몸을 믿으세요.

"서브3를 위해서 운동하지 마세요."

"바디프로필 찍기 위해서 운동하지 마세요."

저는 말합니다.

"건강한 몸을 위해서 운동하세요."

"좋은 기분을 위해서 운동하세요."

우리가 편하게 밥 먹으면서 운동하면 밀가루 적게 먹고 인스턴트만 덜 먹어도 체중은 1~2kg 빠질 수 있습니다. 자연스러움을 택하세요.

'매일매일 빠지지 않고 달려야지' 하는 마음보다, '가끔 하더라도 놓치는 말아야지' 하는 마음이 더 좋습니다. '매일매일 엄격하게 식단해야지' 하는 마음보다 '일주일에 한 번은 먹고 싶은 것 먹더라도 주중에는 건강하게 먹겠다'는 마음으로 꾸준히 하는 자세가 좋습니다.

일상의 건강한 리듬은 그렇게 만들어집니다.

예민하고 소심하던
내가 변화할 수
있었던 이유

어둡다고 투덜대지만 말고,
어서 작은 촛불 하나부터 밝혀라.

_ 공자(孔子, 고대 중국의 사상가)

"달리기를 하면서 달라진 점이 있으세요?"

달리기는 인생의 많은 것을 바꾸었지만, 그중에서도 한 가지를 꼽자면 성격이라고 말하고 싶습니다.

저는 소심한 아이였습니다. 누군가 생각과 다르게 말해도 반박하지 못했고, 자기 것을 챙기기 위해 경쟁하거나 싸우는 성격도 못 되었습니다. 가지지 못하는 것을 애써 가지려 하기보다 가질 수 있는 것에 만족하며 지냈습니다.

소심한 데다, 느리기도 했습니다. 달리는 데는 소질이 있었지만 그 외에 체육에서는 젬병이었어요. 기구를 사용한 체육활동을 할 때도 기술습득이 늦었고 과학시간이나 수학시간에 공식을 이해하는 데도 늦었습니다.

그러나 느릴 뿐 천천히 터득하여 일단 내 것으로 만들면 쉽게 잊지 않았습니다. 기구를 사용한 운동도 처음이 느릴 뿐 성취감을 일단 한번 느끼고 나면 빠르게 해낼 수 있었습니다.

서두르지 않으면 충분히 할 수 있는데 옆에서 부추기는 말들에 초조해지니 능력껏 해내지 못할 때가 많았습니다. 다른 사람의 시선이 느껴지면 빨리 해야 한다는 마음에 급해졌고 결국 망쳐버리고는 했습니다. 자신에게 집중하고 천천히 하는 시간이 필요했습니다. 모든 사람에게는 각자의 속도가 있습니다.

그러다 달리기를 시작하면서 자신감과 밝은 에너지가 생겼습니다. 중학생 때까지만 해도 다른 사람들 앞에 나서지 못하던 성격이었는데, 육상부 활동을 시작한 후로 성격이 바뀌었습니다. 고등학교에 올라가서는 팀 주장을 할 만큼 대외적인 성격으로 바뀌었어요.

자신의 속도를 알게 되고 성향을 알아가게 되어 단단해질 수 있었습니다. 달리기는 지나치게 주변을 신경 쓰는 태도를 벗어나 자신의 속도를 발견하여 유지하는 데 도움이 됩니다.

그렇기에 어린 학생들에게 이야기를 할 때 "적극적으로 자신 있게 해"라는 말을 함부로 하지 않습니다. 그 나이대에는 그때만이 누리는 감정선이 있고 기질이 있으므로 스스로 알아가도록 돕는 편이 낫다고 생각합니다. 어른들에게도 "창피해하지 말고 하세요"라고 하기보다는 시간이 지나면 자신의 속도를 찾아 나아진다고 말하기를 택합니다. 그리고 지금의 속도를 응원하는 편을 선택합니다.

달리기를 배우러 오는 분들 가운데는 소극적이고 느린 분들이 있습니다. 그럴 때면, 느리던 제 모습이 생각나 응원의 말을 듬뿍 해드립니다.

자신을 의심하며 자꾸만 움츠러들 때 힘이 된 건 칭찬과 응원이었습니다. 실업팀에서 훈련하던 선수시절에 열심히 훈련한 결과를 코치님이 알아줄 때, 감독님이 잘하고 있다고 건네는 응원과 격려가 그렇게 기쁠 수 없었습니다.

그리고 힘이 된 다른 한 가지는 기다림의 미학입니다. 설사 지금 어딘가 부족해도 보완해야 할 부분에 초점을 맞추는 것이 아니라, 좋아진 점에 초점을 맞추어 응원을 해주면 그것을 다음번에 더 잘할 수 있습니다. 왜 잘 못하냐고 부추기는 것이 아니라, 충분히 이해하고 적응할 수 있도록 기다려주기만 하여도 편안하게 잘해낼 수 있습니다.

그렇기에 입버릇처럼 당부합니다.

"천천히 해도 돼요. 느리게 해도 돼요. 자기 속도대로 하다 보면 더 잘하게 돼요."

적응에 느리고 소극적인 사람들에게 칭찬과 관심은 큰 힘을 발휘한다는 것을 많은 트레이닝과 경험으로 깨달았기에, 저와 같이 느린 분들에게 같은 효과를 드리려 애씁니다.

소극적인 마음이 되려 할 때면 어디선가 누군가 반드시 응원을 보내주십니다. 그래서 자신감 있는 사람, 배려할 수 있는 사람, 더 강한 에너지를 나눠줄 수 있는 사람이 될 수 있도록 힘을 보내줍니다.

그러면 또 언제 그랬냐는 듯 자신을 믿고 두 발을 힘차게 굴러 박차고 나아갑니다. 다른 분들에게 받은 따뜻한 응원을 더 많은 분들에게 전해드리기 위해 오늘도 나아갑니다.

칭찬과 응원의 힘은 이렇게나 강렬합니다. 무심코 건넨 한마디가 누군가의 인생을 일으켜 세우고 있을지도 모릅니다.

지나친 압박감은
목표에서
멀어지게 한다

일은 급히 서두르면 명백해지지 않되 늦추면
혹 절로 밝혀지는 수가 있나니
조급하게 굴어 그 분함을 불러들이지 말라.

_《채근담》 중에서

목표를 이루기 위하여 적당한 불안은 필요하다고 심리학자들은 말합니다. 그러나 그 불안이 정도를 넘어서는 걸 경계하라고요. 불안이 지나쳐 조급함이 되면 원하는 바를 달성하기는커녕 급기야 일을 그르치게도 됩니다.

몇 년 전의 저처럼 말입니다. 몸이 보내는 휴식의 신호를 절대 무시하지 말라고 강조하는 이유입니다. 경험에서 절실히 우러나온 조언이지요.

"보스턴마라톤에서 초청장이 왔어!"

꿈의 무대인 보스턴마라톤에서 초청장이 날아왔습니다. 선수촌에서 함께 훈련하던 이봉주 선배가 국제대회에 초청되는 모습만 봐오던 제게도 초청장이 날아온 겁니다. 기록이 좋은 선수들에게는 국제대회 주최 측에서 숙소와 이동경비를 지원하는 초청장을 보내오는데, 저도 꼭 받고 싶었거든요.

한국 여자 마라톤 신기록을 세우고 주위에서 기대가 쏟아지던 때였습니다. 저는 주변의 기대는 부담스럽지 않았습니다. 더 큰 부담은 제 자신에게 있었거든요.

사람들은 대단하다 추켜세웠지만 정작 저는 그 기록에 그다지 감흥이 없었습니다. 평소 훈련 때 늘 나오던 기록이다 보니 정말 대단한 기록을 세웠다고 생각하지 않았던 겁니다.

자신에게 더 큰 확신을 주고 싶었습니다. 제가 만든 기록을 스스로 깨뜨리며 더 큰 무대에서 당당하게 달리고 싶었습니다. 그러면 '정말 대단한 기록을 세웠다'고 스스로 확신할 수 있을 것 같았습니다.

쉼 없이 달렸습니다. 회복이라는 것도 몰랐습니다. 발에 약간의 통증이 있었지만 달릴 수 없을 정도는 아니었기에 계속 '강하게, 강하게, 강하게'를 되뇌며 훈련을 이어갔습니다.

아니나 다를까, 쉼 없이 달려온 저에게 너무도 큰 시련이 찾아왔습니다.

보스턴대회 참가를 위한 훈련을 하기 위해 경남 고성으로 전지훈련 캠프를 갔던 날입니다. 발목 통증은 여전히 있는 상태였지만, 선수들은 늘 크고 작은 부상을 달고 살기 때문에 살살 달래면서 훈련하면 괜찮을 거라 생각했습니다.

공백 없이 훈련을 이어가고 있었기 때문에 통증만 빼면 컨디션은 최상이기도 했고요. 좋은 컨디션을 계속 유지해야 했기에 하루의 휴식도 용납할 수가 없었습니다.

세계의 우수 선수들과 경기를 하려면 지금보다 더 강한 훈련과 독한 정신력이 필요하다고 생각했습니다. 하루 쉬면 불안감을 떨칠 수 없기에 참고 달리고, 또 참고 달리기를 반복했습니다.

운동이 끝나면 아픈 발목에 아이싱을 했고 잘 때는 발에 파스를 덕지덕지 붙였습니다. 운동을 쉬는 낮 시간에는 물리치료를 받으러 한의원으로 출근하듯 다녔습니다.

관리만 잘하면 보스턴대회까지 발이 버텨줄 줄 알았습니다. 아니, 버텨주기를 바랐던 건지도 모르겠습니다.

문제의 그날은 45km 거리주 훈련이 있는 날이었습니다. 초반 5km까지는 통증이 있었지만, 달리다 보니 괜찮기에 훈련을 지속했습니다. 구간 평균 페이스도 너무나 좋았고 후반으로 갈수록 체력은 더 좋아졌습니다. 이대로만 준비한다면 보스턴마라톤 무사 입성은 물론 좋은 기록과 성적까지도 기대해볼 만했습니다.

마음 한 켠에 자리 잡은 부상에 대한 두려움은 '내일이 되면 다시 훈련할 수 있는 컨디션으로 돌아오리라'는 강한 자신감으로 억누르고 있었습니다. 아니, 숨기고 있었다는 표현이 맞을 겁니다.

가벼운 마사지를 한 후 휴식을 취하고 있을 때였습니다. 발목 통증이 심상치 않았습니다. 앉았다 일어나는 게 무서울 지경이었습니다. 순식간에 발목부터 발바닥이 퉁퉁 부어올랐습니다.

"내가 어떻게 버텼는데…."

아픈 발을 절뚝거리며 걷자니 눈물이 줄줄 흘러내렸습니다.

"안 돼…! 제발 아프지 않게 해주세요…."

"내일 아침이면 괜찮게 해주세요."

나쁜 예감이 들 때의 그 싸한 기분을 아시나요? 온몸이 차가워지는 그 나쁜 기분 말입니다. 그날 밤 자는 둥 마는 둥 하고 새벽운동을 가기 위해 몸을 쭉 펴는데 발에서 묵직한 통증이 밀려왔습니다.

"아… 어떡하지…."

일어나서 첫 발을 내딛으려 했으나 너무 너무 아파서 발을 내려놓을 수가 없었습니다.

'그동안 얼마나 참고 달려왔는데….'

어제까지만 해도 최상의 컨디션으로 45km 달렸는데, 밤 사이 붓기가 더 심해져서 흡사 코끼리 발이 되어버린 것입니다. 운동화는커녕 성인 남자용 슬리퍼도 들어가지 않았습니다.

병원에서는 족저근막염이라고 했습니다. 황영조 선배님도 거쳐 간 부상이라고, 간단한 수술만 하면 금방 괜찮아질 거라고, 대수롭지 않게 의사는 말했습니다.

'수술'

'간단'

제게는 그 단어만이 크게 들렸습니다. 희망을 붙잡고 싶었나 봅니다.

수술은 일본에서 진행되었습니다. 나고야에서 한 시간 이내에 있는 병원에 아주 유명한 의사가 있었습니다. 팀 선배도, 일본 대표 선수들도 이 의사에게 치료를 받았고 지금 너무 잘 달리고 있다고 안심시켜주셨습니다.

수술하고 입원까지 열흘 정도만 지나면 바로 걷기와 조깅을 할 수 있으니 보스턴은 강 건너 갔어도 아시안게임과 다른 마라톤대회는 도전할 수 있다고 나름의 위안을 갖기로 했지요.

입원수속을 마치고 함께 간 감독님이 시내 숙소로 돌아가자, 말도 통하지 않고 아는 사람 하나 없는 병원에 혼자 남겨졌습니다. 6인실이라 함께 입원해 있는 환자들이 있었지만 이방인인 저에게 다들 호기심 어린 눈빛만 보낼 뿐이라 더 외로웠습니다.

저녁을 먹고, 한국에 있는 엄마에게 전화를 했습니다.

"엄마, 내일… 부분 마취하고… 수술해. 입원은… 며칠만 하면 된대."

말을 제대로 잇지를 못했습니다. 통화하는 내내 눈물이 줄줄 흘러 멈추지 않았기 때문입니다. 아는 사람 하나 없는 병원에 있는 것도, 수술을 해야 하는 것도, 회복하는 데 얼마나 걸릴지 알 수 없는 미래도 모두 무섭고 두려웠어요.

엉엉 우는 저를 두고 전화기 너머 엄마는 얼마나 속상하셨을까요?

수술실은 너무 추웠습니다. 안정을 위해 제 귀에는 서울에서부터 가져간 CD플레이어 이어폰이 꽂혔습니다. 분명 익숙한 노래가 흘러나왔을 텐데 무슨 노래를 들었는지 전혀 기억나지 않습니다.

제 발목을 뜯고 두드리는 소리는 이어폰을 뚫고 다 들렸습니다.

'잘못돼서 다시는 못 달리면 어떡하지?'

침대로 눈물이 하염없이 흘러내리고 손은 덜덜 떨렸습니다. 떨리는 제 손을 간호사 언니가 꼬옥 잡아주었어요.

수술을 마치고, 의사가 제거한 근막을 보여주었습니다. 제 다리에 저런 게 있었다니 생경하기만 했습니다.

"코오리 카에떼 쿠다사이(얼음 바꿔주세요)."

마취가 풀리자 극심한 통증이 밀려왔고, 수술 부위에 쓸 얼음이 계속 필요했습니다. 얼음이 다 녹으면 통증은 또다시 저를 괴롭혔습니다.

감독님이 퇴원할 때 다시 온다는 말과 함께 한국으로 돌아가고 나니, 정말 혼자가 되었습니다.

일본 나고야 병원 병실에 홀로 덩그러니 남아 텔레비전으로 본 보스턴마라톤을 잊을 수가 없습니다. 병원 침대에 누워 선수들이 달리는 모습을 보았습니다. 눈물이 다시 줄줄 흘러내렸습니다.

우리는 잘해내고 싶은 일일수록 더욱 열심을 다해 준비합니다. 잘하고 싶은 마음은 너무나 소중합니다. 그러나 그 마음이 지나치면 너무 크게 긴장을 하고, 경직되고, 불안이 우리 자신을 집어삼킵니다. 불안은 제 실력을 마음껏 발휘하지 못하도록 우리를 짓누르지요.

우리가 일을 그르치지 않도록, 영리한 몸은 신호를 보냅니다. 여기서 그만 쉬라고, 조금 편안하게 가도 된다고 알려줍니다. 그러나 잘하고 싶은 욕심으로 신호를 무시하면 영리한 몸은 '그때 내 경고를 무시하지 말았어야지'라며 본때라도 보여주려는 것인양 얄궂게도 대가를 치르게 합니다.

작은 신호가 올 때 작은 대처로 막으면 좋겠습니다. 큰 신호가 오면 큰 대처를 해야 합니다. 너무 아파야 할 수도, 너무 큰 대가를 치러야 할 수도 있습니다.

웃으면서 달리는 사람,
찡그리고 달리는 사람,
누가 될 건가요?

웃어라, 세상이 너와 함께 웃을 것이다.
울어라, 너 혼자 울게 될 것이다.

_엘라 휠러 윌콕스(Ella Wheeler Wilcox, 미국의 시인)

제게 달리기를 배우러 오는 분 가운데, 교수님이라 부르는 분
이 계십니다. 이름만 들으면 대부분 알 수 있는 패션업계에서
30년 넘게 일을 하셨고 대학교에서 디자인을 가르치는 교수활
동도 하셨습니다. 지금은 러너들이 편하게 만나서 소통하는 공
간으로 활용할 수 있는 까페를 운영하고 계십니다.

교수님은 제자가 스승보다 낫다며 청출어람이라고 이야기
하시곤 하는데, 어쩜 그 말이 딱 들어맞습니다. 스승인 교수님
이 달리기를 열렬히 좋아하고 열심히 하니, 그 모습을 본 제자
들도 달리기를 덩달아 좋아하게 되었거든요. 이제는 본인보다

더 잘 달리고 더 좋아하는 것 같다며 제자들을 북돋우십니다.

교수님과 제자들을 보면 참 멋진 사제지간이구나 생각하게 됩니다. 강의실에서는 가르치는 사람과 배우는 사람이었던 관계가 훈련을 하러 운동장으로 오면 좀 더 격이 없이 서로 편안하게 대하는 모습을 보고는 합니다.

제가 어릴 때만 해도 스승은 우러러보는 대상이었는데 요즘 세상에는 교권이 위태롭다는 기사도 이야기도 참 자주 들리고는 하지요. 삶에서 좋은 것들을 솔선수범하여 실천하며 자연스럽게 학생들에게 전하는 교수님과, 그것을 존경하는 마음으로 믿고 따르는 학생들의 리더십과 팔로워십이야말로 요즘 같은 세상에 필요한 사제지간의 한 모습이 아닌가 생각하게 됩니다.

교수님을 따라 온 학생 가운데 참 잘 웃는 친구가 있습니다. 처음 훈련하러 왔을 때 10km를 50분에 달린 것이 가장 잘 달린 기록이었는데, 훈련을 함께한 지 10개월도 채 안 되어서 11분 가까이 기록을 당겨 39분 9초에 완주했습니다. 훌륭한 발전입니다.

전력을 다해 달렸던 본인의 최고 기록을 11분 당기기란 말처럼 쉽지 않습니다. 그런데 몇 개월 만에 이루어내었으니 참 잘했지요. 참 잘했다 뿐일까요? 아주 훌륭합니다.

그는 참 꾸준합니다. 훈련을 마치고 나면, 수업이 없는 날 혼자 달릴 때 꼭 해야 할 숙제를 내어주는데, 그는 한 번도 숙제를 하지 않은 날이 없습니다. 비가 억수같이 쏟아지는 여름 장마 때도 눈이 펑펑 오던 한겨울 한파 때도 쉬는 법이 없었어요. 어떤 날엔 함께 훈련하는 날도 아닌데 먼 운동장까지 일부러 찾아와서는 달리기를 하고 가고는 했습니다.

좋은 영향력을 주변 사람들에게 나누는 데도 아낌이 없습니다. 처음에는 은사님과 함께 훈련을 하러 왔지만 각자의 스케줄 때문에 다음부터는 혼자서도 스스럼없이 오더니 조금 지나서는 아내와 함께 왔습니다. 비건인 그는 건강한 성분을 갖춘 균형 잡힌 영양을 섭취하는 데도 열심이기도 합니다.

곁에서 보면 참 멋진 점이 많지만, 그 중에서도 가장 멋진 건 그의 밝은 인상입니다.

"너무 즐거워요, 감독님!"

힘차게 달리면서도 웃는 얼굴로 즐겁다고, 달리기가 너무 재미있다고 온몸으로 좋은 기운을 내뿜습니다. 멀리서도 그가 오면 눈에 뜨입니다. 그의 주변에서는 햇살 같은 기운이 퍼져 나가는 것만 같아요.

대회 때나 훈련을 할 때 혹은 거리에서나 강변에서 달리는 분들 표정을 보면 생각보다 웃으면서 뛰거나 즐겁게 뛰는 분이 잘 없습니다. 너무 힘들어 보이는 모습이 많아요.

줄곧 바닥을 보고 달리거나 인상을 쓰고 달리거나 심지어는 마치 누군가 달리라고 시켜서 억지로 나온 사람처럼 보일 때마저도 있습니다.

어려운 훈련을 하는 때가 아니라면 가능한 웃으며 뛰면 그 기운이 몸에도 마음에도 전해집니다.

그렇게 꾸준히 반복하면 실력이 좋아지고 성격도 밝아집니다. 웃는 얼굴로 하는 러닝이 주는 효과는 이런 것이라고 생각합니다.

3.
가능성과
미래를
확장한다

당신의 삶에서
중요한 가치는
무엇입니까?

400

200

자기만의 철학이 있는
사람의 뿌리는 단단합니다

처음부터
걷기를 계획한다면
시작하지 말기를

달을 향해 가라.
달에 가지 못하더라도 별을 향해 가고 있을 것이다.

_ 윌리스 리드(Willis Reed, '뉴욕 닉스의 심장'이라 불린 농구 선수)

마라톤은 단거리 경주가 아닙니다. 2시간이 넘게 혹은 5시간이 넘게 쉬지 않고 달려야 합니다.

그러므로 풀코스마라톤에 참가하겠다고 마음을 먹었다면 준비과정에도 그만큼 투자해야 합니다.

대회 당일이 되면 당부합니다.

"걸어도 돼요. 몸이 안 좋거나 너무 힘들면 걸어요!"

걸어도 된다는 건 준비를 모두 마친 다음에 그날의 컨디션에 따라 그렇게 해도 된다는 뜻입니다. 처음부터 '걷겠다'라는 마음가짐을 가지라는 말이 아닙니다.

처음부터 걷기를 계획하면서 마라톤을 시작하지 않기를 바랍니다. 적어도 준비하는 동안 정성도 중요하다는 것을 알아주었으면 합니다.

마라톤 후반부의 고통은 잘 달리는 러너에게나 천천히 달리는 러너에게나 동일하게 옵니다. 그 순간을 얼마나 잘 극복하느냐는 평소 준비 과정과 체력, 영양 상태에 따라 달라집니다.

훈련이 평소에 잘되었다면 고통의 순간을 빠르게 회복할 수 있고, 그렇지 않으면 고통에 못 이겨 페이스를 잃거나 급기야 걷는 선택을 하게도 됩니다.

여기에는 정신력도 빠질 수 없는 중요한 한 가지입니다. 이는 마라톤에도, 공부에도, 일에도 요구되는 꾸준함입니다. 조금 해보고 "나는 소질이 없어. 다른 걸 해야지" 하는 것이 아니라 꾸준하게 지속할 수 있는 마음가짐이 중요합니다.

풀코스마라톤인 42.195km을 일정한 페이스로 달리기 위해 훈련하는 과정은 탄탄대로처럼 순탄하게만 흘러가지 않습니다. 어떨 때는 좌절을 맛보아야 하고, 아주 작은 성취에도 만족해야 합니다. 러너가 해야 할 일은 그저 그 과정 과정마다 꾸준함과 성실함으로 최선을 다해 임하는 것입니다.

그러나 준비를 철저하게 한다고 해도 마음처럼 결과가 나오지 않을 수 있습니다. 그날의 날씨, 몸 상태, 예기치 못한 사건 등 자신이 통제하기 힘든 일들이 있습니다. 얼마나 최선을 다했느냐는 노력의 여부와 관련이 없는 요소도 작용하는 것이죠.

그런 때는 '걷겠다'는 결심을 해도 좋습니다. 준비를 철저히 했지만 따르지 않는 상황은 어찌할 수 없습니다. 목표했던 마라톤이 실패한다 하더라도 이번이 마지막이 아니라는 긍정심을 가져야 합니다. 실패를 통해 성장할 수 있어야 합니다. 그런 사람은 분명 좋은 러너가 된다고 생각합니다.

버려야 할 또 다른 마음가짐 하나는 지나친 걱정입니다. 잘 달리는 사람은 더 좋은 기록에 대한 걱정을 하고, 이제 막 시작한 사람은 조금만 뛰어도 힘든 몸 때문에 걱정을 하기 마련입니다.

"달리면 숨이 차요."

"무릎이 아플 것 같아요."

이러한 이유로 시작도 하기 지레 겁을 먹는 분들이 많습니다.

아기가 걷는 과정을 한번 생각해봅시다. 누워 있다가, 뒤집다가, 한두 걸음 어설프게 걷다가, 넘어지다가, 어느새 열 걸음을 걷는가 싶더니 제법 빠르게 뛰게도 됩니다. 누워만 있던 몸에 근육이 발달하고 걷기 좋도록 체형도 발달합니다.

　달려본 적 없는 사람의 달리기도 마찬가지입니다. 달리기의 기초 체력이 없는 상태에서 달리려면 당연히 힘이 듭니다.

　"왜 나만 힘들까?"

　"내 자세는 왜 이렇게 엉성하지?"

　이런 생각을 하지 않아도 괜찮습니다. 처음 달리는 누구나 자세가 어설프게 느껴집니다. 달리는 근육이 발달되어 있지 않으니 힘이 든 것도 당연합니다. 누구나 그 과정을 거쳐서 발전을 해왔습니다.

　운동신경이 있고 선천적인 능력이 있는 사람은 재미를 빨리 느끼고 체질적으로 약한 사람은 그에 비해 덜할 수 있지만, 어디까지나 취미로서의 달리기는 자신이 하고 있는 일을 더 잘할 수 있도록 돕고 삶의 재미와 의미를 빛나게 해줄 수 있는 도구 중 하나라고 생각하고 접근하면 좋습니다.

　달리기를 좋아하는 마음에 더해, 힘듦을 이겨내려고 하는 의지를 더합시다. 그렇게 달리는 습관이 만들어집니다. 그 과정만 거치면 성취감을 느끼고 재미가 더 붙습니다.

　꼭 몇 km를 완주해야 성공이 아닙니다. 1km만 달려도, 500m만 달려도 된다는 긍정적인 생각과, 이를 꾸준하게 지속

하겠다는 의지만 있어도 성공입니다. 그러니 처음부터 너무 높은 목표를 설정하지 않아도 좋습니다.

가벼운 산책도 싫어하는 사람에게 1km 달리기라니 얼마나 대단한 일인가요?

처음 시작할 때 장대한 목표를 가지고 하는 것보다는 본인이 꾸준하게 할 수 있는 강도와 빈도를 설정하고 시작해봅시다. 그리고 그 과정 과정마다 밀린 숙제를 해치우듯 임하지 말고 몸과 마음을 아끼는 정성스러운 태도로 임해봅시다. 달라진 나를 맞이할 수 있습니다.

인생의
어려움을 대하는 태도
"내가 도와줄게요"

우리를 행복하게 만드는 사람들에게 감사하자.
그들은 우리의 영혼을 꽃피우는 매력적인 정원사들이다.

_ 마르셀 프루스트(Marcel Proust, 프랑스 소설가)

선수 은퇴 후 현실은 녹록치 않았습니다. 오기를 기다리는 자리는 어디에도 없었습니다. 지푸라기라도 잡는 심정으로 초등학교 스포츠 강사 일을 했습니다. 교육청에서 정해둔 스포츠 강사의 역할은 학교 선생님의 체육 수업 보조자였지만, 실상 현장에서의 역할은 체육 선생님이었습니다. 학생들에게 좀 더 재미있는 체육 수업 시간을 만들어주고, 다양한 체육활동을 경험할 수 있도록 이끌어야 했습니다.

천진난만한 아이들을 가르치며 보람도 얻고 되레 제가 에너지를 받기도 했지만 '이 자리는 내 자리가 아니다'라는 생각을 늘 했습니다. 언젠가는 다시 마라톤 현장으로 돌아가고 싶었습니다.

보조 역할이라는 위치와 10개월마다 다시 면접을 봐야 하는 현실이 스스로를 초라하게 만들었습니다. 운이 좋으면 연속 근무가 가능하지만 방침상 스포츠 강사 자리가 없어지면 제 자리도 없어지기 때문에 늘 불안하기도 했습니다.

그러던 때, 전화가 한 통 왔습니다.

"감독님! 잘 지내시죠? 우리 브랜드에서 러닝클럽을 운영하기로 했어요!"

오래전부터 알고 지낸 아식스 담당자였습니다. 러닝클럽을 운영하기로 했는데 창단부터 운영까지 맡아주었으면 좋겠다고 했습니다. 제가 원하는 근무 방식을 따라줄 뿐만 아니라, 매일 출근하지 않아도 되고, 일주일에 러닝클럽을 2회 정도 진행해주면 좋다고요.

스포츠 강사 자리는 언제든 떠날 준비를 하고 있었기에, 스카웃 제의가 참 반가웠습니다. 반대로 저는 제안을 했습니다.

"프리랜서가 아닌 정직원으로 입사하고 싶어요."

이왕 러닝클럽을 운영할 거라면 제대로 해보고 싶었습니다. 불안정한 강사 자리를 벗어나 안정적인 자리에서 꿈을 펼치고 싶다는 바람도 있었습니다.

"좋아요! 러닝클럽만 잘 이끌어주세요. 외부와의 소통과 홍보에 힘써주면 좋겠어요."

한번은 꼭 해보고 싶었던 스포츠 브랜드의 마케팅 팀원으로 입사하였을 뿐만 아니라, 제 오랜 꿈이었던 러닝클럽 운영까지 할 수 있게 되었습니다. 이때 시작한 러닝클럽이 현재 제가 운영하는 러닝클럽인 런 위드 주디의 시작입니다.

당시 저는 자존감이 참 낮아져 있었습니다. 마라톤 한국 여자 신기록을 가지고 있어도 저를 원하는 곳이 어디에도 없다는 사실이 저를 초라하게 만들었습니다. 그러던 중에 예상하지 못했던 곳에서의 제안은 어려운 시간에 대한 보상처럼 여겨졌습니다.

'고맙습니다.'

좋아하는 일, 잘할 수 있는 일을 한다는 것은 참으로 감사하고 행복한 일입니다. 주말도 없이 일이 이어져도 정말 행복했습니다. 열심히 일한 만큼 보람도 있었고 주위에서 보내주는 응원도 또 다른 에너지가 되어 더 발전할 수 있었습니다.

비로소 '내가 하고 있는 내 일로 인정받는 기분이 이런 거구나!' 다시금 느낄 수 있었습니다.

누구보다도 성실하고 꾸준하게 일을 해내었기 때문일까요?

팀원으로 입사한 저에게 회사에서는 또 다시 제안을 해왔습니다.

"스포츠 마케팅팀 팀장을 맡아줄 수 있겠어요?"

러닝클럽 운영을 넘어 스포츠 마케팅은 더 큰 무대이자 정말 하고 싶었던 일이었습니다. 그러나 해보지 않은 일을 앞에 두고 '내가 할 수 있을까?' 하는 불안과 의구심도 떨쳐내기 어려웠습니다.

회사에서 가장 높은 비용을 쓰고 있는 마케팅팀은 내부에서의 업무뿐만 아니라 각종 스포츠 연맹과 협회와의 관계성을 비롯하여 일본 본사와의 소통 등 대외적인 업무도 아주 중요한 자리였습니다. 제안을 받고 설레는 마음이 컸으나 아직은 역량을 더 키워야 할 때라 여기고 거절을 하였습니다.

"권 감독님이야말로 스포츠 마케팅팀 팀장 역할로 적격입니다. 누구보다 스포츠 현장의 분위기를 알고 있고, 감독, 코치, 선수의 마음도 경험해봤으니 누구보다 적임자입니다."

저 자신조차 저의 능력을 의심할 때 힘을 준 건 줄곧 곁에서 지켜봐온 사람들의 지지였습니다.

"우리가 도와줄게요."

도와준다는 말. 그 말은 얼마나 든든한지요. 살아갈수록 절실히 깨닫게 됩니다. 누구도 혼자만 잘하기 때문에 성장하지 않습니다. 주변에서 보내는 든든한 응원과 지원 덕분에 더 크게 자라납니다.

입사 2년 만에 스포츠 마케팅팀 팀장이 되었습니다. 익숙하지 않은 사무실 환경과 업무 방법, 자료 정리 이 모든 것이 생소하고 어려웠지만 함께한 동료들이 있어 잘해나갈 수 있었습니다. 지금 러닝클럽을 잘 이끌 수 있는 원동력은 그때 아식스 브랜드에서 일을 했기 때문입니다.

'난 참 복이 많은 사람이야'라는 감사하는 마음이 그때부터 지금까지 한결같습니다. 좋은 분들이 옆에서 힘이 돼주었기 때문입니다.

달리기밖에 모르는 바보라 달리기 하나로 다가오면 온 마음의 문을 열어 환영할 만큼 사람들을 믿고 의지합니다. 간혹 상처도 받지만 대부분의 사람들은 상대방의 마음을 생각하고 배려해줍니다. 그래서 사람에게 받은 상처는 사람에게 치유받는다고 했나 봅니다.

더 많은 사람들을 모아야 하고, 브랜드를 알려야 하고, 새로운 고객들을 초빙해야 한다는 의도로 시작했다면 그 일을 오래하지 못했을 것입니다. 마라톤을 좋아하는 사람들에게 제대로 알려주고 싶다는 마음이 100%였기 때문에 시작할 수 있었고 지속할 수 있었습니다.

　일을 잘하려면 진정으로 그 일을 좋아하고 사랑해야 합니다. 그리고 좋은 사람들과 함께해야 합니다. 이 두 가지 중 하나라도 충족하지 않으면 흔들리지 않고 굳건하게 해나가기가 어렵습니다.

　지금 해내기 버거운 일이 있다면 주변을 한 번 둘러보세요. 용기 내어 도움을 청하면 반드시 누군가 "내가 도와줄게요" 손을 잡아줄 겁니다. 진정한 어른은 혼자 잘해내는 사람이 아닙니다. 도움이 필요할 때 요청할 줄 알고 타인에게 기꺼이 도움을 줄 줄도 아는 사람이 진정한 어른입니다.

가만히 있는 사람을
기다리는
완벽한 조건은 없다

새로운 경험으로 늘어난 마음은
결코 이전의 크기로 되돌릴 수 없다.

_올리버 웬델 홈즈 주니어(Oliver Wendell Holmes, 미국의 법학자)

'한국 여자 마라톤 최고 기록 보유자인데, 여기저기서 스카웃 제의가 오겠지.'

선수생활을 은퇴하면 코치로 와달라고 스카웃 제의가 많이 올 거라 막연히 생각했습니다. 하지만 현실은 정반대였습니다. 실업팀에 들어갈 자리는 없었고, 죽어도 가지 않겠다던 초등학교, 중학교, 고등학교 코치 자리에도 저의 몫은 없었습니다.

엘리트현장에는 초등학생, 중학생 선수 보급이 중요해서 오히려 더 큰 책임을 가지고 일을 해야 하는 자리입니다. 당시는 당장에 눈에 보이는 달콤함에 기피하고 있었는지도 모르겠습니다. 소질이 보이는 선수를 발굴해서 키워내는 게 얼마나 중요한지 한참이 지나서 알 수 있었습니다.

어디선가 자리가 주어지길 기다리고만 있어서는 안 됩니다. 본격적으로 코치 자리를 찾자고 마음을 먹고 자격증 취득에 나섰습니다. 이전까지만 해도 국가대표 출신은 연수만 들으면 코치자격증이 주어지던 제도가 있었는데, 제가 국가대표를 그만두었던 시점에는 그 제도가 없어지고 일정기간 연수와 함께 이론시험과 면접까지 마무리해야 코치 자격이 주어졌습니다.

그동안의 경력으로 자격이 주어지는 것보다 공부하고 서로 토론하고 배울 수 있는 기회가 있어 참 좋았습니다. 지도력, 역학, 심리학 및 종목에 따른 규칙 등을 다시 한 번 배울 수 있는 좋은 기회가 되었고, 특히 다른 종목 선수들 및 지도자를 준비하고 있는 사람들과 소통하며 여러 실전을 배울 수 있었습니다. 배울수록 꼭 필요한 시간이라고 실감했습니다.

만약 어딘가 훌쩍 들어갔다면 기회를 누리지 못했을 겁니다. 당장 들어갈 자리가 없었기 때문에 배울 수 있는 기회가 열렸습니다. 조급한 마음에 확신도 없는 선택을 한다면 보람도 없고 재미도 없는, 그래서 자신감도 붙지 않는 일을 하게 될 수도 있었을 겁니다. 그러나 연수를 받고 시험을 준비하며 여유

있게 생각하는 법을 배웠습니다.

자리가 없다고 여겨질 때는 막막하고 속상한 마음뿐이었는데 오히려 그 시간에 좀 더 단단해질 수 있다고 여기니 전화위복이라는 말이 떠올랐습니다.

조금 늦어져도 괜찮습니다. 분명 어딘가 자신이 할 수 있는 일이 있습니다.

'절대 안 된다'는 생각에서 '한번 해보자'라는 생각으로 바뀔 때쯤 선배에게 전화가 왔습니다.

"초등학교 육상부 코치 한번 해볼래?"

자리가 났는데 이력서를 한 번 내보라는 것이었습니다. 잠시 고민했습니다. 당시 더 큰 꿈이 있었기 때문입니다. 제가 지도한 선수와 함께 올림픽에 출전하고 싶었습니다. 선수로서 이루지 못한 꿈을 지도자로 이루고 싶은 마음도 있었습니다.

게다가 다른 사람들과 비교하는 알량한 마음까지도 있었지요. 함께 선수생활을 했던 선배들, 동료들은 실업팀 코치나 감독으로 제2의 인생을 시작한 터라 초등학교 육상부 코치 자리는 너무 초라해 보였거든요.

하지만 지금 시작을 하지 않으면 정작 하고 싶은 꿈이 시작도 되지 않습니다. 하다 보면 더 좋은 자리도 생긴다는 마음으로 일단 뛰어들어 최선을 다해보기로 했습니다.

현재의 내 자리가 내가 정말 바라던 자리보다 조금 부족해 보이더라도 일단 시작해야 합니다.

"내 자리는 내가 만들어나간다."

그런 마음이 필요합니다.

완벽한 조건이란 무엇일까요? 선택을 기다리는 눈앞 조건은 어딘가 아쉽기 마련입니다.

'다 좋은데, 이건 좀…'

하는 마음이 들기 마련이지요. 기대도 하지 않던 근사한 크리스마스 선물처럼 완벽한 조건이 기적처럼 나타나는 건 아주 드뭅니다.

걸어가는 길에 돌멩이가 있으면 자신의 손으로 그것들을 치우며 반듯하게 나아가겠다는 다짐이 필요합니다. 저기 어딘가에 있을지 없을지 모를 꽃밭을 상상만 하고 있어서는 아무것도 바뀌지 않습니다. 일단 자갈밭이라도 한 걸음부터 내딛어야 길이 시작됩니다. 만약 그때 초등학교 육상부 코치 자리를 회피했다면 지금의 저는 없었을 겁니다.

눈빛이 초롱초롱하던 초등학교 아이들과의 첫 만남은 설렘 그 자체였습니다. 천진난만함이 얼굴에 투명하게 드러나는 첫 제자가 될 아이들을 만나는 순간 저도 모르게 함박웃음을 짓고 말았습니다. 아이들이 서투른 만큼 코치 권은주도 서툴다는 것을 너무도 잘 알았습니다. 이 아이들과 그려갈 좌충우돌 코치 적응기가 기대도 되었고 걱정도 되었습니다.

하기로 마음먹었으면 멋지게 해내야 합니다. '어찌어찌 되겠지'라는 마음이 조금이라도 있으면 안 됩니다. 하나하나 챙기면서 그 아이들이 진심을 알고 따라오게 만들려고 노력했습니다. 초등학교 4학년부터 6학년까지 달리기에 관심이 있는 아이들을 찾아다녔고, 그렇게 선수단이 꾸려졌습니다.

초등학교에서의 육상은 '즐거움을 찾아주는 것'입니다. 즐거움 속에서 새로운 꿈을 찾고, 선의의 경쟁을 하고, 동료들과 함께 활동하며 배려하는 마음을 배우는 시간이지요.

호기심으로 육상부에 들어왔더라도 이탈하지 않고 즐겁게 활동할 수 있는 분위기를 만들어주고 싶었습니다. 눈앞에 보이는 성적을 위해서 아이들에게 경쟁의 두려움을 먼저 알려주는 것이 아니라 운동도 놀이의 하나라는 것부터 알려주고 싶었습니다.

제자들은 너무도 잘 따라왔습니다. 순위에 일희일비하지 않고, 성실함과 인내를 가질 줄 알았습니다. 그런 아이들을 보며 가르치며 배운다는 것이 무엇인지 알아갔습니다.

하지만 현실은 녹록지 않았습니다. 운동선수로 성공하기란 낙타가 바늘구멍을 통과하는 것만큼 힘든 일이고, 특히 육상선수로 성장은 비인기 종목의 설움도 함께 가져가야 하는 게 현실이었습니다.

육상은 모든 운동의 기초가 되는 종목입니다. 달리기에 소질이 있는 친구들을 선발해서 기초를 튼튼히 다지고 나면 축구와 야구로 종목 전향을 합니다. 제자들도 한 명 한 명 종목을 전향했습니다. 그러다 보니 선수 수급에 늘 신경을 써야 했습니다. 허무하기도 했지만 어쩔 수 없는 현실이라 인정할 수밖에 없었지요.

특히 기록경기인 육상에서는 코치가 천천히 진행한다고 해서 주위에서 마냥 기다려주지 않습니다. '초등학생은 이렇게 하면 메달 딸 수 있어!'라며 비법 노트도 아닌데 장담을 하는 사람들도 있습니다. 눈앞에 보이는 성적에만 연연하는 그들의 모습을 보며 정말 안타까웠습니다.

제가 운동을 잘하고 좋아하면서 꾸준히 하게 된 건 스승님들의 지도 방법이 좋았기 때문입니다. 스승님들은 늘 저의 입장이 되어 컨디션을 챙겨주셨고 저는 그분들께 그 마음과 태도를 배웠습니다. 제자들에게 그런 스승이 되고 싶었습니다. 지금도 그 마음은 변함없습니다. 가르치는 분들의 입장이 되어 챙기고 싶습니다.

녹록지 않은 상황에도 꿋꿋하게 저와 함께한 친구가 있었습니다. 승부욕도 있고, 긍정적인 성격이라 늘 즐겁게 따라와 주었어요. 스케줄이 주어지면 끝까지 해내려는 인내심도 좋았고, 경쟁도 즐길 줄 알았습니다.

호흡을 맞춘 지 6개월여 만에 첫 제자는 전국대회에서 메달을 땄습니다. 제가 메달을 땄을 때보다 백 배, 아니 만 배는 더 행복하고 좋았습니다.

'힘써 배우고 익힌 것을 누군가에게 가르쳐준다는 것은 이런 마음이구나.'

가르침을 통해 성과까지 일구는 것을 바라보는 기쁨이 이렇게나 크다는 사실에 정말 놀랐습니다. 자신의 성장보다 타인의 성장에 더 감사할 수 있음을 배웠습니다. 10년이 지난 지금도 그 제자는 전화로 안부를 물어옵니다. 그러나 지금도 미안한 건 초등학교 졸업까지 봐주지 못한 겁니다.

다른 사람의 성장을 위해 노력했는데, 하다 보면 가르치던 자기 자신도 성장해 있는 때가 많습니다. '자신의 성장보다 타인의 성장에 더 감사하는 마음' 그 마음이 서로를 자라게 합니다.

계절마다 훈련법이
다를 것 같아요.
무엇을 유의해야 할까요?

마라톤은 날씨 영향을 많이 받습니다. 날씨에 따라 결과가 달리 나오기도 할 만큼 많은 영향을 줍니다. 우리의 마음도 날씨에 따라가야 합니다. 날씨를 이기려고 하지 말고 순응하며, 계획을 수정하면서 운동하는 지혜로움이 필요합니다. 괴로움만 남게 되는 달리기를 하지 않도록 합니다.

기록 향상이 목표라면
계절의 사이클을 잘 이용하자

즐기며 달린다면 계절의 변화를 만끽하면서 너무 더운 여름과 너무 추운 겨울에 대비하는 지식을 갖추면 좋습니다. 그러나 기록 향상이 목표라면 계절의 사이클을 전략적으로 이용하면 좋습니다.

가을 마라톤 때 훈련한 결과를 터트린다는 전략을 이용해보세요. 겨울에 장거리 훈련을 많이 한 후, 봄에 속도를 보완합니다. 그리고 여름에는 이를 유지합니다. 그런 다음 가을 대회 때 훈련한 기량을 터트립니다.

저는 이것을 1년 농사에 비유하곤 합니다. 겨울 동계훈련은 농작물 씨앗 뿌리기로 보면 됩니다. 농부를 잘 살펴보세요. 너무 더운 한낮에는 나가서 일을 하지 않고 관리하고 유지만 합니다. 약을 뿌린다거나 잡초를 제거하는 정도를 합니다. 달리기도 마찬가지입니다. 너무 더운 여름에는 봄에 올린 속도를 유지한다는 태도로 훈련하고, 가을에 그 모든 시간을 수확합니다.

> ### 여름의 달리기,
> ### 봄에 올린 속도를 유지한다

기온이 높고 습한 날씨에 하는 달리기는 누구에게나 힘이 듭니다. 후반부에 걷게 되거나 근육경련, 메스꺼움, 어지러움, 호흡곤란 등이 나타날 수 있습니다. 여름은 체온이 올라가므로 수분 고갈이 되기 쉽고 열사병과 햇빛 알레르기를 주의해야 합니다. 자칫 체력이 급격하게 떨어질 수 있습니다. 이상기온으로 인해 여름이 갈수록 더워지고 있으므로 앞으로는 여름에 훈련하기가 더 어려워질 것 같습니다. 여름철을 나는 지혜가 필요합니다.

가을의 달리기,
수확하는 최고의 계절이다

1년 농사가 봄에 씨를 뿌리고 여름철에 관리하고 가을에 수확하는 것처럼 마라톤도 마찬가지입니다. 큰 대회가 있는 가을은 거두는 계절입니다. 훈련을 쌓아나간다고 생각하면 좋습니다. 겨울에 훈련한 결과를 봄에 곧바로 발휘하는 것이 아니라 가을에 발휘하고 그 기량을 겨울 동안 훈련하여 다음 해 봄에 성과를 낼 수 있습니다. 수확을 두 계절에 할 수 있는 것입니다. 그러니 바로 성과가 나오지 않는다고 너무 조급해하지 말고 좀 더 큰 사이클을 보고 임해봅시다.

봄과 가을을 알뜰하게 사용해야 합니다. 여름에 실컷 운동했는데 좋은 계절에 못 뛰면 얼마나 속상합니까? 겨울에 훈련 안 하다가 갑자기 봄에 하면 하자마자 다치기도 합니다.

겨울의 달리기,
길게 달리며 지구력을 향상한다

겨울과 여름을 두고 보자면 훈련하기에는 겨울이 좋습니다. 여름은 짧고 강하게, 겨울은 길게 훈련하는 것을 추천합니다. 목적성이 다릅니다. 온도가 낮은 겨울에는 속도를 높이는 강한 트레이닝보다 길게 달리며 지구력을 강화하는 쪽으로 훈련하면 좋습니다.

시즌때처럼 페이스가 올라오지 않는다고 조바심내지 맙시다. 몸을 억지로 끌고 가지 말고 달리면서 자연스럽게 올라오는 체온에 몸을 맡기고 컨디션이 따라오는 만큼 하면 됩니다. 달리면서 체온이 올라가기 때문에 속도도 자연스레 올라가게 됩니다. 속도를 올리려 하면 에너지 소비가 많아 쉽게 지칠 수 있어요.

눈이 많이 온 날에는 미끄러운 빙판길을 선택하지 말고 실내에서 트레드밀을 이용해야 합니다.

봄의 달리기, 세부적으로 단단해진다

겨울훈련을 통해 지구력과 체력이 좋아졌다면 기온이 올라가는 봄에는 속도를 올리는 시간으로 여기면 됩니다. 가령 겨울 동안 큰 근육을 만들었다면, 이제는 신체를 세부적으로 단단하게 만들어 일명 '조각몸'이 되는 과정이라고 생각하면 좋습니다.

거리 늘리기보다는 짧은 인터벌을 통해서 리듬감을 좀 더 타이트하게 만들어가봅니다. 겨울 동안 마라톤에 대한 컨디션을(실력을) 점검했다면 봄에는 10km나 하프마라톤 대회에 나가 기록 단축을 목표로 잡아봐도 좋습니다.

✦

버려야 할 때
버릴 줄
알아야 한다

그릇은 비어 있어야만 무엇을 담을 수 있다.

_노자(老子, 중국의 사상가)

이제는 선수시절 감각으로 달리기는 어렵습니다. 나이가 들어가며 근육은 예전만큼 발달하지 못하고 회복력도 다릅니다. 지금 몸은 선수시절 몸과는 다릅니다.

사람은 누구나 신체적 능력이 가장 좋은 시기가 있습니다. 마라톤 선수는 보통 20대 중반부터 30대 중반까지 선수로서 정점을 맞습니다. 의지나 노력으로 바꿀 수 있는 부분이 아니지요. 사람이라면 피해갈 수 없습니다. 그 사실을 누구보다 잘 알지만 지금도 예전의 달리던 리듬을 생각할 때가 있습니다.

매일 달릴 수 있다는 것에 감사하면서도, 예전의 리듬이 그

립습니다. 버려야 할 것을 버리지 못하고 있는 것입니다. 경쾌하게 뛰었던 감각을 몸이 기억하고 있기 때문일 겁니다. 머리로는 알고 있지만 몸이 기억하고 있기 때문에 쉽사리 잊히지 않습니다.

2016년, 프랑스 샤모니 몽블랑에서 열린 아식스 비트 더 선 (beat the sun) 마라톤 대회에 참가했던 때였습니다. 전 세계 6대륙에서 아마추어 러너들 중 한 명씩 대표로 선발된 사람들이 릴레이로 경기를 완주하는 대회였습니다. 프랑스, 이탈리아, 스위스 세 나라의 국경을 넘나들며 150km에 달하는 알프스 산악지대를 완주하는 코스였습니다. 해가 뜨기 전 샤모니를 출발해서 각자 정해진 구간과 거리를 달려 해가 지기 전에 도착하는 이벤트 경기였지요.

저는 아시아 대륙 선수 중 우리나라 대표로 출전했습니다. 아마추어를 초청한 행사라고는 하지만, 각 대륙별 주자 가운데는 올림픽 메달리스트를 비롯해 날고 기는 선수 출신도 많았습니다.

트레일러닝은 산달리기라고도 합니다. 쭉 뻗은 도로가 아니라 경사도가 심한 산길, 자갈길, 눈길 등 다양한 코스가 이어지기 때문에 평지에서 느낄 수 없는 또 다른 매력이 있습니다. 특히 프랑스 샤모니는 트레일러닝을 하는 러너들에게 꿈의 무대입니다.

저는 첫 번째 주자로 출발했습니다. 함께 출발하는 주자들 중에는 마라톤 올림픽 메달리스트와 10km를 30분 이내에 달리는 선수가 대부분이었고, 저는 선수 은퇴를 한 지 10년이 다 되어가는 전직 마라톤 선수였습니다.

출발과 함께 모든 주자들이 점점 멀어졌습니다. 저도 힘을 내어 열심히 달리고 있었지만 제자리인 것만 같았습니다. 너무 참담했습니다.

'뭘 하고 있는 거야?'

'달려야지!'

선수는 그만뒀지만 러닝은 그만두지 않았고, 늘 달려왔는데 이렇게 차이가 나다니 정말 부끄러웠습니다.

저기 멀리 바통을 이어받을 두 번째 주자가 보였습니다. 주자들이 모두 출발하고 혼자 덩그러니 남아있는 두 번째 주자에게 꼴찌로 바통을 넘기자니 너무 미안했습니다. 숨고 싶었습니다. 저도 모르게 눈물이 터져나왔고 소리 내어 울었습니다.

아시아팀은 꼴찌를 했습니다.

촬영을 위해 KBS에서 나온 취재진이 인터뷰하며 질문했습니다.

"오늘 달리는 기분이 어땠나요?"

탓하는 말도, 질책하는 말도 아니었는데 위축이 되었습니다. 우리나라를 대표해 대회에 출전했는데 꼴찌를 했다는 것이 너무 미안했습니다. 소회를 이야기하려고 입을 떼자마자 미안한 마음이 봇물 터지듯 터져 나와 인터뷰를 하는 중에도 그만 울어버렸습니다.

이 대회의 취지는 일반인 아마추어가 아름다운 도전을 하는 과정을 담는 데 있었습니다. 올림픽처럼 1등과 2등에 대단한 의미를 두고 거머쥐어야 하는 대회가 아니었지요. 좋은 기록으로 우승을 하면 물론 좋겠지만 그렇지 않다고 하더라도 다른 나라 러너와 교류하고 우정을 나누는 데 의미를 두면 될 일이었습니다.

그런데도 저는 우리나라를 대표해 나왔다는 데 부담이 있었고 꼴찌를 했다는 데 지나치게 미안해했습니다.

'왜 선수의 강박을 버리지 못했을까?'

'좋은 풍경과 맛좋은 음식을 왜 마음껏 즐기지 못했을까?'

그때를 생각하면 참 바보 같습니다. 선수 때 외국으로 합숙 훈련을 가면 식단을 조절하느라 마음껏 먹지도 못하고 좋은 풍경도 마음 다해 즐기지를 못했습니다. 고개를 들어 조금만 둘러보아도 낯선 풍경과 모르는 사람들의 면면을 알게 되고 그러면서 저의 세계도 더 풍부해질 수 있었을 텐데, 기숙사와 훈련 장소만 오가면서 땅만 보며 달릴 줄 밖에 몰랐습니다.

달리기를 배우러 오는 분들 가운데도, 달리기 자체를 즐기지 못하고 기록에 지나치게 예민하신 분들이 계십니다. 그분들을 보면 예전 모습이 떠오르고는 합니다.

버려야 하는 때를 알고 버릴 줄 알아야 합니다. 매진해야 할 때를 알고 매진할 줄 알아야 합니다. 즐겨야 하는 때를 알고 즐길 줄 알아야 합니다.

다른 사람의 시선이 무슨 상관일까요? 지금 달리고 있는 것 그 자체로 대단합니다.

인생에서도 마찬가지인 것 같습니다. 무엇을 위해 빠르게 가야 하는지 곰곰 생각해보면, 사랑하는 사람과 행복하게 보내는 삶을 위해서일 때가 많습니다. 그러나 정작 그 행복은 얻지 못한 채 빠른 삶만 남아 있을 때가 얼마나 많은가요. 진정 원하는 바를 얻기 위해 버릴 것과 챙겨야 할 것을 현명하게 구분해야 할 일입니다.

딱 떨어지는 숫자로
달리려는
강박이 있어요.

꾸역꾸역이라도 뛰어야 마음이 편한 사람들이 있습니다. 몸이 피곤하고 발에 통증이 있는데도 어떻게든 달리려고 합니다.

내 안의
불안 스위치를 *끄자*

이런 분들을 많이 보고는 합니다. 5km, 10km 등 딱 떨어지는 숫자로 달리기를 마무리하려는 분들입니다. 4.8km부터 강박적으로 반복해서 거리를 확인하면서 꾸역꾸역 5km가 딱 떨어질 때까지 거리를 채우고서야 그만 달립니다. 달리기로 한 지점까지 다 왔는데도 그 근방을 왔다갔다 하면서 딱 떨어지는 숫자로 채웁니다.

계획한 거리만큼 해내었다는 만족감일 때도 있지만 남에게 보여주기 위함일 때도 있습니다. 무엇을 위함인지 생각해보아야 합니다. 자기 안에서 불안이 작동하기 때문도 큽니다. 실력이 뛰어나 선수급으로 달리는 분들 가운데는 경쟁자가 뛰고 있으므로 나도 쉴 수 없다는 불안 요소가 많고, 조금씩 성장의 단계에 있는 분들은 스스로 만들어놓은 틀을 깨지 못하거나 깨기 싫어하는 성격이기 때문이기도 합니다. 불안함과 강박을 내려놓는 연습을 합시다.

몰입의 즐거움을
맛본다

인터벌 훈련 등 목적이 뚜렷한 훈련을 해야 할 때는 정해진 거리를 반드시 채우며 훈련하는 습관을 가져야 하지만, 모든 달리기를 딱 떨어지는 숫자로 달리는 것에 집중하지 않아도 됩니다.

모든 달리기를 딱 떨어지는 숫자로 달리면 몰입의 즐거움을 가지기 어렵습니다. 몰입하여 달리다가 어느새 5.5km를 달리게도 되고, 10.6km를 달리게도 되는 경험을 해보면 좋겠습니다.

매번 어떻게든 딱 떨어지는 숫자를 만들기 위해 100m, 200m를 꾸역꾸역 달리면 몸도 마음도 괴로워집니다. 달리기에 대한 안 좋은 기억이 하루 이틀 쌓여 괴로운 운동이라는 고정관념이 자신도 모르는 사이에 생길 수도 있습니다.

자신의 힘으로 끝내라
아무도 대신
마무리해주지 않는다

중요한 것은 당신이 어떻게 시작했는지가 아니라
어떻게 끝내는지다.

_ 앤드류 매튜스(Andrew Matthews, 작가이자 동기부여 전문가)

장거리 훈련으로 35km를 달릴 때면 20km까지는 잘 가는데
30km가 채 되기 전에 급격히 체력이 떨어지는 분들이 있습니
다.

저는 그 분들께 말씀드립니다.

"고비가 한 번 오고 '완주할 수 있을까?' 하는 생각이 드는
순간을 넘겨야 합니다. 그 순간만 넘기면 괜찮아져요!"

사실 완전히 괜찮아지지는 않습니다. 다만 우리는 훈련에서
수많은 경험을 통해 몸의 적응력을 배우게 됩니다. 또한 포기
하고 마주하는 현실이 완주하는 것보다 더 우리를 힘들게 한다

는 것 또한 알게 됩니다. 적응력을 익혀야 한다는 말에 응원을 보태어 건네는 말입니다.

과학이 증명하고 경험이 말해주는 조언이기도 합니다.

후반에 떨어지는 체력을 비축해두기 위해 우리는 훈련을 합니다. 거리에 대한 대비를 하기 위해 30km 이상 거리주를 하고, 3시간 이상 버틸 수 있도록 시간주를 하고, 페이스를 잘 맞춰 가기 위해 페이스유지능력을 키우고, 언덕지형에 대비하기 위해 언덕운동을 하고, 페이스 변화에 적응하기 위해 인터벌 훈련을 합니다. 그리고 대회 전 충분히 수면을 취하고 영향섭취에 좀 더 신경을 씁니다.

초반 달리기에서 우리 몸은 탄수화물을 태우면서 앞으로 나아갑니다. 글리코겐 저장량에 따라서 더 힘이 나거나 덜 나기도 하지요. 개인차가 있습니다.

초반부에 탄수화물을 태우면서 나아갔다면, 후반부에는 지방을 태우며 나아가야 합니다. 우리에게 속도를 유지할 수 있는 힘을 주는 탄수화물 저장창고가 크다면 좀 더 좋은 기록으로 좀 더 먼 거리까지 달릴 수 있습니다. 이 에너지가 고갈되면 지방을 연소하며 달리게 되는데, 이때 속도가 떨어지기 시작합니다.

그러므로 대회 전 에너지 저장창고를 크게 확보해둬야 합니다. 다이어트를 할 때 천천히 오래 달려야 체지방 분해가 되지요. 그 원리를 떠올려보시면 이해가 조금 더 쉽습니다. 과격한 운동을 할 때는 탄수화물 글리코겐을 쓰고, 장시간 운동을 할 때는 지방을 쓰므로 후반부에 힘이 떨어지는 것은 자연스러운 현상입니다.

그것을 극복하고 늦추기 위해서 식이요법인 카보로딩(Carbohydrate loading)을 합니다. 탄수화물 저장창고를 만드는 것이지요. 단백질 위주로 식단을 합니다. 일주일에서 2주일가량 식단을 하면 2~3kg 정도 체중이 빠집니다. 단백질류 식단만으로 지방까지 태웁니다. 지방을 태우고 난 다음 탄수화물 위주로 먹습니다. 지방이 빠진 자리에 탄수화물을 채워주는 것입니다. 레이스 초중반까지 에너지원으로 사용되는 탄수화물이 평소 20km부터 점점 소진된다고 가정했을 때 식이요법의 효과로 30km까지 갈 수 있는 능력이 생겼다고 보면 됩니다. 식이요법을 통해 나머지 10km를 정신력이 아닌 자신이 가진 신체 에너지로 갈 수 있는 능력이 생기는 겁니다.

마라톤에서 더 좋은 페이스를 유지할 수 있는 거리는 길어도 35km까지입니다. 35km 이후에는 누구나 힘듭니다. 에너지를 최대한 길게 가지고 가기 위해서 식이요법을 하는 것입니다.

식단을 통해 후반부에 쓸 공간을 비축해두면 마지막에 힘을 발휘할 수 있습니다. 다만 지금은 달리면서 섭취할 수 있는 에너지젤이 시중에 많이 나와 있습니다. 에너지가 고갈되기 전에 섭취하여 마지막까지 에너지원을 보급할 수 있습니다.

식이요법은 개인마다 차이가 있습니다. 무조건 좋은 방법은 없습니다. 자신에게 맞는 에너지젤이 있고, 자신에게 맞는 식단이 있기 마련입니다. 아무리 좋은 것이라고 해도 나에게 맞지 않다면 그것은 좋은 것이 아닙니다.

후반부에 떨어지는 체력을 키우기 위해서는 장거리 훈련이야말로 필수입니다. 지구력과 근력을 활성화시키고 30~35km 이후에 오는 몸의 변화를 경험하기 위해서 장거리 훈련을 합니다. 체력을 키워놓는 것이지요.

긴 거리 훈련을 하며 달리는 거리 자체를 늘려야 합니다. 여기에 오르막과 내리막 훈련, 인터벌 훈련도 더해져야 합니다.

마라톤을 5시간 내에 완주하려면 최소한 한 달에 100km는 달려야 합니다. 4시간 내에 완주하려면 150km는 달려야 합니다. 그래야만 몸에 큰 무리 없이 완주할 수 있습니다.

이렇게 훈련을 한다고 해도 힘들지 않은 것이 아닙니다. 15~20km까지는 괜찮다가도 25km 이후에 급격하게 피로가 쌓이면 완주할 수 있을까 생각하기 시작합니다. 훈련을 안 하고서 기록 달성을 원한다면 요행을 바라는 것이지만, 충분한 훈련을 마친 상태에서 출발선에 섰다면 고비가 와도 포기하지 마십시오.

리듬에 몸을 맡기고 지속적으로 가다 보면 어느 순간 몸이 괜찮아지는 회복의 단계가 옵니다. 회복의 단계를 겪고 지나가도 다시 힘든 순간은 찾아올 것입니다. 첫 힘듦과 회복의 과정이 20km에 찾아왔다면 이후 그 과정은 반복됩니다. 다시 힘듦과 회복의 과정을 거칩니다. 그 기점을 넘기면 다리가 가벼워지거나 리듬감이 살아나는 기분이 드는 때가 옵니다.

그러므로 힘든 구간이 오더라도 포기하면 안 됩니다. 다시 회복되기 때문입니다. 이 경험은 훈련을 통해 익혀두어야 합니다. 훈련 때 힘든 기점이 왔다가 회복되어 달릴 수 있는 과정을 겪어보면 대회날에도 그 기억을 되살려 달릴 수 있습니다. 몸을 하나씩 읽어나가야 합니다.

자신의 한계를 뚫고 나아가는 과정이기 때문에 당연히 힘이 듭니다. 지나고 나면 웃을 수도 있지만, 그 안에 있을 때는 아무래도 고통스러울 수밖에 없습니다.

힘듦을 이겨내는 힘은 자기 안에서 찾아야 합니다. 가족들이, 동료들이 주변에서 목청껏 보내는 응원을 받으며 자신의 두 발로 끝내야 합니다.

주변 사람들은 인생에 힘이 되어주는 한없이 고마운 존재이지만 결국 인생은 자신의 결정과 판단으로 일구어나가는 것처럼, 마라톤도 마찬가지입니다. 고마운 응원을 거름 삼아 스스로의 힘으로 달려나가야 합니다. 아무도 대신 끝내주지 않습니다.

보스턴마라톤의
기적

밖을 보는 자, 꿈을 꾼다.
안을 보는 자, 깨닫는다.

_ 카를 구스타프 융(Carl Gustav Jung, 정신의학자)

2018년 어느 여름 날, 손기정 선생님 이야기로 영화가 제작될 건데 주위에 괜찮은 코치가 있으면 소개를 해달라고 선배가 물어왔습니다.

"괜찮은 코치요? 제가 지원해보면 어떨까요?"

스포츠가 주는 감동은 각본 없는 드라마이자 벅찬 환희 그 자체입니다. 더군다나 다른 누구도 아닌 존경하는 손기정 선생님의 이야기가 영화로 만들어진다니 이 얼마나 영광스러운 자리인가요. 더 많은 사람들이 달리기의 감동과 손기정 선생님의 이야기를 가까이하는 데 조금이나마 일조를 하고 싶었습니다.

영화는 손기정 선생님뿐만 아니라 서윤복, 남승룡 선생님들의 이야기도 담는다고 했습니다. 주연 배우들과 마라톤보급소 선수로 출연하는 아역 배우 및 단역 배우들에게 달리기 자세를 비롯하여 기초 정보를 알려주고 체력을 관리해주는 코치가 필요하다고요. 대강의 영화 계획을 듣는 것만으로 가슴이 두근거렸습니다.

미팅을 마치고 돌아오는 길에, 손기정 선생님을 병문안 갔었던 때가 떠올랐습니다. 그날은 1997년 11월이었습니다. 한국 여자 마라톤 신기록을 세우고 얼마 뒤였어요. 선생님을 병문안하는 자리에 한국 기록을 세웠으니 인사를 드릴 겸 정봉수 감독님은 저를 데리고 가주셨습니다. 감독님과 찾은 아산병원 입원실에는 우리의 역사적인 인물 손기정 선생님이 계셨습니다. 영상과 책으로만 접했을 뿐 직접 뵐 기회는 없었기에 심장이 콩닥콩닥 떨렸던 기분이 지금도 생생합니다.

"너가 이번에 우승한 친구구나! 기록이 어떻게 되지?"

"2시간 26분 12초입니다."

"오, 오, 나보다 빠르구나! 정말 잘했네."

인자한 웃음으로 손을 꼬옥 잡아주실 때 느껴지던 따뜻한 온기는 선수생활을 하는 내내 남아 있었습니다. 살아생전에 한

번은 뵐 수 있어서 얼마나 다행스럽고 감사했던지 잊을 수 없는 기억입니다.

서윤복 선생님은 대회장에서 뵐 수 있었는데, 그분의 인자함과 강인함 또한 기억 속에 강하게 각인되어 있습니다. 손기정 선생님의 열정이 영화에 고스란히 묻어나길, 서윤복 선생님의 강인함이 영화 속에 올곧이 담기기를 진심으로 바랐습니다. 그리하여 나아가 더 많은 사람들이 영화를 통해 마라톤을 사랑해주기를 바랐습니다.

이봉주 선배가 고문으로 참여하고 저는 배우들의 마라톤 코치가 되었습니다. 달리기 코치로서 제 첫 번째 임무는 마라톤 보급소 선수로 나오는 배우들의 달리기 면접을 보는 일이었습니다. 배우 지망생부터 현직 단역 배우까지 참여한 오디션에서 체형을 중점적으로 봤습니다. 달리기를 평소 즐겨하는 분들이 아니었기에 체형이라도 마라톤선수답게 보여야 된다고 생각했기 때문이지요. 그 다음이 운동신경에 대한 기본기였습니다. 연기와 배우로서의 가능성은 다른 전문가가 봐야 할 영역이었습니다.

일반인 러너를 가르치는 일과 배우를 가르치는 일은 차이가 있기에 각별하게 신경을 쓰는 부분이 있었습니다. 일반인 러너는 본인이 좋아서 달리기를 시작합니다. 그러나 배우는 좋아하는 마음도 있을 수 있지만, 그보다는 필요에 의한 훈련이 더 큽니다.

필요하기 때문에 해야 하는 사람에게는 재미의 요소가 반드시 있어야 합니다. 달리기가 자존감을 올리는 일이라는 것, 달리기가 재미있고 즐거운 과정이라는 메시지를 전달하고 싶었습니다.

스트레칭 등 기초훈련부터 시작해 언덕훈련, 인터벌훈련, 10km 달리기 훈련 등을 일주일에 한두 번씩 일정이 될 때마다 만나서 연습을 하는 것은 물론, 정해진 레슨 외에도 만나서 함께 연습했습니다.

배우는 배역이 주어지면 캐릭터를 연구하고 그에 걸맞게 체형까지도 변화시키는 사람이라는 것을 배우들을 만나며 알 수 있었습니다. 특히 주연인 임시완 배우는 훈련장에 이미 마라토너의 체형으로 나타났습니다. 준비를 많이 했다는 것을 한눈에 알 수 있었지요.

전문 마라토너를 연기해야 하는 배우들이므로 달릴 때의 마음 또한 잘 표현하는 것이 중요했습니다. 10km, 20km, 30km일 때 등 풀코스마라톤 중 분기점이 될 수 있는 지점에서 어떤 생각이 드는지, 마인드컨트롤은 어떻게 하는지 코치하였고, 결승선을 넘어갈 때의 기분 등도 고스란히 전달하려 애썼습니다. 출발할 때 옆 주자와의 눈치싸움, 주로에서 서로에게 전달되는 호흡소리도 빠뜨릴 수 없지요.

너무도 가슴 아픈 우리의 역사적인 이야기가 흉내 내기가 아닌 감동의 한 장면으로 오래 오래 남아줬으면 하는 마음으로 전파했습니다. 그렇게 배우들은 마라토너가 되어갔습니다.

사람은 실제로 해보기 전에는 알 수 없는 법입니다. 영화를 만드는 일이 어렵다는 것을 막연히 알았을 뿐 그 고충을 알 기회가 제게는 없었습니다. 그러나 합천, 함안, 제천, 춘천, 호주 해외 촬영 등 1여 년간 촬영현장에 함께 다니면서 한 편의 영화를 만들기 위해 얼마나 많은 사람들의 노력이 들어가는지 조금이나마 알 수 있었습니다. 언제 시작될지 모르는 촬영을 위해 아침부터 저녁까지 대기하는 스태프들과 배우 곁에서 함께하며 애환과 노력을 느낄 수 있었습니다.

영화 시사회장에서는 온전히 영화를 즐기지 못했습니다. 분석적으로 냉정하게 보게 되었습니다. 그러나 시골집에 내려가 가족들과 함께 영화관에서 편안하게 보는 자리에서는 저도 모르게 눈물이 주루룩 흐르고 심장이 뛰었습니다. 영화 보는 내내 보스턴을 달리는 기분이었고, 마지막 역전의 순간에는 손에 땀이 나는 긴장감이 그대로 전해졌습니다.

부모님과 함께 영화를 본 게 그때가 처음이었습니다. 영화가 끝나고 엔딩크래딧에 마라톤코치 권은주 석자도 함께 올라가자 식구들은 자신의 일마냥 기뻐했고 그제야 제가 왜 이곳에서 감동을 더 크게 느끼는지 깨달았습니다.

코로나로 인해 촬영 후 3년이나 지나 영화는 개봉했습니다. 그때에 비해 지금은 러닝을 즐기는 인구가 많이 늘었고 마라톤에 대한 관심도 많아지면서 영화도 좋은 관심을 받았습니다. 좀 더 많은 관객들이 극장을 찾아주길 바랐는데 그 점은 다소 아쉽습니다. 그래도 이렇게 마라톤 붐이 일고, 우리나라 선수들의 기록이 좋아진다면 선배님들이 일구어낸 보스턴 신화를 다시 쓸 수 있을까요? 아니, 신화를 써주길 바랍니다.

세계 7대 마라톤 대회는
무엇이고,
어떻게 참가하나요?

세계 주요 마라톤 대회 참가는 러너들의 꿈 중 하나입니다. 그중에서도 세계 7대 마라톤이라 불리는 마라톤 대회들은 전 세계에서 가장 권위 있는 대회로 꼽힙니다.

　2024년에 호주의 시드니마라톤이 주요 마라톤 대회로 승격되면서 기존 6대 마라톤인 일본의 도쿄마라톤, 미국의 보스턴마라톤, 영국의 런던마라톤, 독일의 베를린마라톤, 미국의 시카고마라톤, 미국의 뉴욕마라톤에 더하여 7대 마라톤이 되었습니다. 다만, 세계 6대 마라톤을 모두 완주하면 6스타 피니셔 메달(the six star finisher)이 주어지는데, 그 전통은 그대로 유지할 예정이라고 합니다.

　저는 현재까지 보스턴마라톤, 뉴욕마라톤, 도쿄마라톤에 참가했습니다. 더 많은 곳을 달리고 싶습니다. 국내 선수출신으로서는 최초로 7대 마라톤을 달성하고 싶다는 마음이 있습니다.

대회마다 참가 요건이 있으므로, 해외 마라톤에 참가하고 싶다면 미리 정보를 숙지하고 기준에 맞도록 기록을 관리해야 합니다.

간단한 정보를 정리해두었으니 살펴보신 다음, 참가하고 싶으시다면 더 자세한 사항을 홈페이지 등을 통해 숙지하시기 바랍니다. 아래 정보를 참고하시되, 해마다 기준과 정보가 바뀔 수 있으니 유의하여 확인하셔야 합니다. 여행사 등에서 여행상품으로 기획해 판매하기도 하니 선택하실 수도 있습니다.

대회	개최일	참가 인원	특징
도쿄 마라톤	매년 3월 첫째 주 일요일	38,000명	- 아시아 유일 7대 마라톤 - 추첨으로 선정 - 참가비 약 160달러
보스턴 마라톤	매년 4월 셋째 주 월요일	30,000명	- 1897년 시작한 세계에서 가장 오래된 대회 - 참가 요건이 있음. 공인된 마라톤 대회에서 인증하는 기록 필요 - 참가비 약 230달러
런던 마라톤	4월 마지막 주 일요일	45,000명	- 세계 최대 규모의 자선모금 마라톤 - 추첨 가능, 자격을 충족하는 사람은 우선 선발 - 참가비 약 150파운드
베를린 마라톤	9월 마지막 주 일요일	45,000명	- 세계 신기록이 가장 많이 나온 대회 - 추첨, 공인 기록 보유자는 우선 선발 - 참가비 약 205유로

시드니 마라톤	매년 9월 (2025년에는 8월 31일 일요일)	45,000명	- 2024년 세계 7대 마라톤으로 승격 - 추첨으로 선정 - 참가비 약 210호주달러
시카고 마라톤	10월 둘째 주 일요일	45,000명	- 비교적 평탄한 경로로 기록을 세우기 좋은 조건 - 추첨과 기부를 통해 신청 가능 - 참가비 약 250달러
뉴욕 마라톤	매년 11월 첫째 주 일요일	50,000명	- 세계 7대 마라톤 중 가장 큰 규모 - 뉴욕 5개 자치구를 모두 통과하는 코스 - 추첨과 기부를 통해 신청 가능 - 참가비 미국인 약 295달러, 해외 참가자 약 358달러

✳ 현재 기준으로 작성한 정보입니다. 정보가 바뀔 수 있으니 꼼꼼히 확인하시기 바랍니다.

어깨에
힘을 빼야
가볍게 나아간다

기적은 단 한 번의 훈련으로 일어나지 않는다.

_ 에밀 자토펙(Emil Zatopek, 체코슬로바키아의 마라토너)

학창시절에 시험 당일날, 너무 긴장해서 실력보다 낮은 점수를 받아본 적 있으신가요? 혹은 면접날이나 중요한 미팅날 너무 긴장한 나머지 매력을 충분히 보여주지 못한 적은 없으신가요?

적당한 긴장은 목표에 초점을 맞추는 데 도움이 되지만, 지나치면 실력보다 더 못한 모습과 결과를 보여줄 수도 있기에 힘을 빼고 가볍게 가야 할 때가 있습니다. 이때 '가볍게 간다'는 말은 설렁설렁한다는 게 아닙니다. 어깨에 힘을 빼고 자신의 리듬으로 나아간다는 의미입니다.

수백 일 동안 큰 노력을 하고도 정작 대회 당일날 지나치게 긴장해서 제 실력을 발휘하지 못하는 분들에게 저는 "힘을 빼고 자신의 리듬으로 나아가라" 조언합니다.

제가 가르치고 있는 러닝클럽에 반장님이라 부르는 분이 계십니다. 꾸준하고 성실한 타입의 러너로, 훈련을 매우 훌륭하게 해내시지요.

반장님의 목표는 그해 가을에 열리는 풀코스마라톤 대회에서 3시간 30분 안에 완주하는 것이었습니다. 그 목표를 이루기 위해 1년간 꾸준하고도 열렬히 훈련했습니다. 연습 경기에서 충분히 완주할 수 있는 기록을 확보했고, 몸 상태도 최상의 컨디션으로 유지했지요.

대회 하루 전날, 반장님은 대회장 근방에 숙소를 잡았습니다. 당일 새벽에 전철을 타고 갈 수도 있었겠지만 컨디션 조절에 방해가 될 것 같았기 때문입니다. 전날까지 식이요법도 꼬박꼬박 챙기고 잠도 푹 자고 좋은 기분으로 대회날 아침을 맞았습니다.

채비를 갖추고 마지막으로 양말을 신으려 일어서는 순간, 아뿔싸, 허리가 찌릿했습니다. 너무 급하게 일어선 모양이었어요. 아무리 스트레칭을 해봐도 허리는 말을 듣지 않았습니다.

불안을 억누르고 출발선에 섰고 20km쯤까지는 그런대로 무난하게 달리나 싶었지만, 이후부터는 주저앉고 싶을 만큼 허리가 아파왔습니다. 기록은 포기를 하고 완주라도 하자라는 마음까지 먹게 되었습니다. 아니나 다를까, 기록은 참담했습니다.

다음 해 봄, 기록을 달성하기 위해 반장님은 이를 갈았습니다. 비참함을 또 다시 느끼고 싶지 않았거든요. 평소 하지 않던 일들은 일절 하지 않은 채 최상의 컨디션으로 레이스를 시작했습니다. 이 정도면 이번에는 무난히 원하는 기록으로 완주할 수 있겠다고 달리면서도 자신했습니다.

몸도 마음도 가뿐했습니다. 그런데 30km를 넘어가자 페이스가 흔들렸습니다. 다리가 갑자기 말을 듣지 않습니다. 덜덜 떨리는가 싶더니 심각한 경련까지 왔지요. 잠시 쉬며 스트레칭을 하고 나면 나아지고는 했는데, 이번에는 그렇지 않았습니다. 이번 기록은 더 참담했습니다.

반장님은 스스로에게 너무 크게 실망했습니다.

"컨디션도 나쁘지 않았는데, 성적이 왜 이럴까요? 달리기가 저와 안 맞나 봅니다. 그걸 이제야 제가 깨닫는 건가 봐요. 더는 재미가 없네요. 우울합니다."

실패의 원인을 명확하게 알 수 있다면 답답하지나 않았을 겁니다. 연습이 부족했던 것도 아니고, 체중을 줄이지 않은 것도 아니고, 식단을 챙기지 않은 것도 아니었습니다. 문제라면 대회날 지나치게 긴장하는 것 정도가 문제일 수 있었습니다.

반장님의 경우 훈련 강도를 높인다거나 트레이닝의 페이스를 올린다고 해서 해결이 되지 않음을 저는 잘 알고 있습니다. 지난 대회를 반추하며, 같은 레이스를 다시 한 번 더 달린다면 어디를 어떻게 다르게 해볼 수 있을까 스스로 생각해보아야 하겠지만, 이미 많은 훈련을 하고 있는 사람에게 더 많은 훈련이 답은 아닙니다. 오버 트레이닝은 절대 피해야 합니다.

이럴 때 저는 조목조목 조언을 해주기보다, 농담을 섞어 한마디를 툭 내뱉습니다.

"잘하고 계세요! 올림픽 나갈 거 아니면 그만하면 됐어요."

대회에 대한 부담을 덜어주고 싶어서입니다. 어깨에 힘을 빼야 자신의 리듬으로 가볍게 달릴 수 있거든요.

마라톤은 기록경기이다 보니 아무리 취미로 한다고 하더라도 기록에 욕심이 생기기 마련입니다. 42.195km 마라톤의 경우 4시간 안에 완주하는 서브4, 3시간 10분 안에 완주하는 싱글, 3시간 안에 완주하는 서브3 등 아마추어 달리기 세계의 기준이 있고 이 기준에 들어가기 위하여, 혹은 지난 자신의 기록보다 더 빠른 기록을 위하여 러너들은 훈련합니다.

실력이 우상향하며 매번 기록을 갈아치운다면야 좋겠지만,

그렇지는 않습니다.

실력은 완만한 계단 모양과 같이 향상이 되어서, 새로운 훈련 스트레스가 있어야 다음 단계로 완만한 도약을 합니다. 그 과정에서 강도나 빈도를 높여도 마음처럼 좋아지지 않는 실력에 답답함을 느끼기도 하지요. 초보 러너일 때는 노력에 대한 효과가 크지만, 실력이 쌓일수록 더 큰 효과를 위해 더 많은 노력이 필요하므로 스스로 지치기도 마련입니다.

이때, 좀처럼 달라지지 않는 기록이나 이전보다 더 나아지지 않는 자신의 실력보다 러너를 더 힘들게 하는 것은 다른 사람과의 비교입니다. 자신과 비슷한 시기에 같은 레벨로 시작한 사람이, 어느새 자신보다 더 빨리 실력이 향상되고 있으면 더 잘하지 못하는 자신이 답답하고 심지어는 자존심에 상처를 받으며 비참해하기까지 합니다. 이럴 때, 소위 러닝진통이라 할 수 있는 '런태기'가 찾아오기 십상이지요.

아무리 취미라도 많은 시간을 쏟으며 애정하기에 이런 마음이 드는 것은 당연합니다. 이제 막 달리기를 시작한 초보 러너부터 달리기 실력이 아주 좋은 러너까지 런태기의 시기를 누구나 한 번쯤은 보냅니다.

세계 기록을 보유한 챔피언이라도 대회에서 목표를 달성하지 못할 때도 있습니다. 오히려 흔하다고 말하는 것이 좋을지도 모릅니다.

너무 많은 걱정과 후회를 하는 데 시간을 낭비하지 않는 것이 좋습니다. 최선을 다해 준비하고 노력했는데도 대회에서 원하는 결과를 내지 못했다면 후회 없이 받아들여야 합니다.

지금 런태기에 빠졌다면, 자신의 달리기에서 나쁜 부분에 초점을 맞추지 말고 좋은 부분에 집중해봅시다.

"오늘 기록은 목표에 다다르지 못했지만, 착지 연습은 확실히 되었어."

좋았던 점을 반추하고 보람을 찾아봅시다. 무엇을 획득하였는지, 무엇을 배웠는지 생각해봅시다. 반드시 배운 점이 있습니다. 이루지 못한 것에 초점을 두지 말고 배우고 성장하고 획득한 것에 초점을 맞추세요.

긍정적인 마음이 진가를 발휘합니다. 지금 어깨에 지나치게 힘이 들어가 자신의 매력을 충분히 보여주지 못하고 있다면 탈탈 털고 힘을 조금 빼보세요. 지나친 부담감을 내려놓고 당신의 초점이 긍정을 향해 맞추어질 때, 좋은 바람을 타고 나는 새처럼 훨훨 날아다니는 자신을 발견하게 됩니다.

앞만 보고 달리느라
삶의 풍경을
놓치고 있지 않나요?

결과를 알고 있음에도 어떻게 흘러갈지 알면서도,
난 모든 것을 껴안을 거야.
그리고 그 모든 순간을 기쁘게 맞이하지.

_ 영화 〈컨택트(arrival)〉 중에서

운동선수를 하면서 좋은 점 중 하나는 여러 나라에 방문할 기회가 많다는 것입니다. 해외로 전지훈련을 떠나기 때문입니다. 숙소가 있는 서울에서는 도로 훈련을 할 수 있는 한적한 장소가 마땅하지 않았기에, 1년의 절반 이상은 전지훈련을 떠났습니다. 낯선 나라 새로운 도시를 만나고, 맛있고 이색적인 음식을 먹을 수 있는 기회이지요.

물론, 그 모든 시간이 좋은 기회라는 건 선수를 은퇴하고 여행계획을 직접 세우면서 비로소 알게 되었습니다. 해외 전지훈련을 떠나던 선수시절에는 해외 방문의 즐거움을 전혀 누리지 못했습니다.

전지훈련은 그저 힘든 훈련을 하러 떠나는 길이었습니다. 여행을 온 것이 아니라 훈련을 왔으니 어디를 둘러보고 무엇을 먹어야 하는지는 중요하지 않았습니다. 떠나는 비행기를 탈 때 설렘이 시작되었다가 전지훈련이 모두 끝나고 우리나라에 비행기가 착륙할 때 소득 없이 끝나고는 했습니다.

훈련을 하면서도 충분히 즐길 수 있고 볼 수 있는 것이 많았을 텐데 놓치고 지낸 것들이 많습니다. 앞만 보고 달리느라 삶의 풍경을 보지 못했습니다.

전지훈련을 다니다 보면 일명 '나와 궁합이 맞는 장소'가 있습니다. 저에게 그곳은 호주 시드니에서 40분 정도 떨어진 작은 도시입니다. 도로훈련이 용이하고 흙길이나 산길로 이뤄져 조깅코스가 잘되어 있는 곳, 여름엔 기온이 시원하고, 겨울엔 좀 더 따뜻한 남쪽 나라. 첫 해외 방문지이자, 가장 좋아하는 해외이자, 훈련 성과도 100% 이상 낼 수 있었던 곳입니다.

그토록 좋아한다고 하면서도 '작은 도시'라고 표현하는 건, 훈련 갔던 그곳의 이름도 잘 기억나지 않기 때문입니다. 그만큼의 여유도 당시에는 없었습니다.

주변을 즐길 여유는 없었지만, 작은 즐거움은 있었습니다.

그 즐거움은 작지만 확실해서 마음에 소중하게 새겨져 있어요. 크고 작은 공원들이 즐비한 마을 이곳저곳을 조깅하면서 누비는 재미와 처음 먹어본 달콤한 망고의 맛은 아직도 잊지를 못합니다.

그러나 정말 잊을 수 없는 맛은 초콜릿을 듬뿍 바른 식빵입니다. 운동을 아무리 해도 체중이 빠지지 않고 오히려 찔 시기가 있었습니다. 과자나 밀가루 음식은 피해야 했고, 코치님과 주무관님도 매의 눈으로 우리의 입을 주시하고 있었어요. 우리끼리 한 착각이었지만, 그땐 감시를 당하는 기분이었습니다.

식당에서 메뉴를 선택할 때도 눈치를 봤습니다. 코치님들 이하 어른들이 좋아할 건강식이나 운동에 도움이 되는 메뉴를 일부러 선택했습니다. 먹고 싶은 음식을 편히 먹으면 되었는데 그땐 왜 그렇게 눈치를 봤을까요?

한창 먹을 나이에 에너지 소비가 많은 운동을 하니 밥을 먹고 돌아서면 배가 고팠습니다.

어느 날 후배와 함께 숙소 1층으로 내려갔더니, 식탁 위에 초콜릿잼과 식빵이 놓여 있었습니다.

식빵이 우리에게 말을 거는 것만 같았습니다.

"먹고 가."

저와 후배는 서로 눈빛을 교환했습니다.

"그래, 하나만 먹자! 오후에 더 달리면 되지!"

입안 가득 초콜릿 향과 온몸으로 번지는 달콤한 전율이 마라톤에서 우승했을 때만큼 컸습니다. 왜 아니겠어요? 자극 없는 건강식만 먹다 간만에 먹은 초콜릿은 너무나 달콤하고 아찔했습니다.

그 이후 우린 종종 완전 범죄를 꿈꾸며 1층 주방을 들락날락했습니다.

"식빵이랑 잼이 왜 이렇게 빨리 없어지지?"

어느 날 주무관님의 혼잣말에 후배와 흠칫 불안해하기도 했습니다. 잘 넘어간 것인지, 주무관님이 눈을 감아주신 건지는 지금도 알 수는 미스터리입니다.

전지훈련의 재미는 그런 데 있었습니다. 후배들과 해외 도시에서 쌓는 작은 즐거움이 있었기에 2~3달가량 이어지는 지루하고 힘든 전지훈련을 버틸 수 있었습니다.

전지훈련은 대회를 준비하기 위한 고도의 집중기간입니다. 매주 40km 장거리 달리기, 최대심박수를 올리기 위한 인터벌 트레이닝, 야간운동, 새벽운동이 이어집니다. 훈련기간만큼 훈련의 강도 또한 질적으로 양적으로 끌어올려야 합니다.

멀리 떠난 전지훈련인만큼 최고의 집중력을 발휘하여 운동을 하는 것은 당연합니다. 또한 운동시간에는 운동에 집중하고, 쉬는 시간에는 훈련에 대한 부담감 없이 오로지 회복에만 신경을 쓸 줄도 알아야 합니다.

그러나 당시에는 운동에 집중하여 앞만 보고 달릴 줄만 알았지 쉴 줄은 몰랐습니다. 쉴 때도 운동할 때처럼 지냈으니 지금에 와 생각하면 참 미련하고 안타깝습니다.

힘들게 훈련을 마치고 쉬는 시간은 지루해하며 어서 빨리 한국 숙소로 돌아가고 싶은 생각만 하던 그때의 저에게 말해주고 싶습니다.

"좀 더 넓은 시선으로 주위도 살피고 좀 더 여유로운 마음으로 사람과의 관계도 맺어보자."

집중하여 나아가는 건 너무나 훌륭합니다. 그러나 힘써 나아가야 할 때와 쉬어야 할 때를 구분하지 못하고 앞만 보고 박차기만 하다가 삶의 풍경을 놓치지는 마셨으면 좋겠습니다. 삶의 모든 순간을 기쁘게 맞이하는 지혜는, 바로 지금을 제대로 느끼는 것이 아닐까요?

꾸준히 하기만 해도 성장합니다.
노력하는 자신을 믿고 실천하면 됩니다.

4.
길 위에서
배우는
삶의 지혜,
관계의 지혜

달리기를 하면서
해소하고 싶은 마음의 문제와
질문이 있습니까?

고집스럽게 쥐고 있던 불안을 내려놓고
가벼워질 용기가 싹틉니다

속도 조절의 지혜,
사람 관계도
인터벌러닝 같다

사람을 대할 때는 불을 대하듯하라.
다가갈 때는 타지 않을 정도로
멀어질 때는 얼지 않을 만큼만.

_ 디오게네스(Diogenes, 고대 그리스 철학자)

달리기를 배우기 위해 참 다양한 분들이 오십니다. 달리기가 유행처럼 번지면서 성향도 나이대도 다채로워졌기 때문이지요. 10대부터 60대까지 연령도 다양하고, 성격이 급한 사람부터 느긋한 사람, 대화하기를 좋아하는 사람부터 말보다는 운동에만 집중하기를 원하는 사람, 피드백을 그 자리에서 즉각 즉각 받기를 바라는 사람이 있는가 하면 그보다는 조용히 일러주기를 선호하는 사람도 있습니다.

성향도 나이대도 다양한 분들을 오래도록 가르치고 만나오다 보니, 사람 관계도 인터벌러닝 같다는 생각을 하게 됩니다.

빠르게 뛰기와 천천히 뛰기를 번갈아 하는 인터벌러닝처럼, 사람관계도 끈끈한 관계 맺기와 적당한 거리 두기를 잘할 줄 알아야 한다고 말이지요.

단체 운동이므로 함께 지킬 것은 지키고, 가르쳐야 할 것은 가르치되, 다정한 친목을 다지면서도, 개개인의 성향도 신경 써야 하기 때문에 관계에 대해서도 다방면으로 생각하게 됩니다.

가르칠 때도 느슨하게 지켜보는 때와 즉각 강하게 지적하는 때에 대한 기준을 둡니다.

강하게 지적을 하는 때가 있습니다. 달리기를 몇 년 해오신 분 가운데는 자기만의 기준과 고집을 고수하는 분들도 계십니다. 실력을 높이고 싶어서 수업을 들으러 왔으면서도 고집을 쉽게 내려놓지 못하시기도 합니다.

본인 마음대로 할 거라면 수업에 나오는 것은 그다지 도움이 되지 않습니다. 자신의 실력을 객관적으로 인지하고 그에 맞는 훈련을 하려는 노력이 필요합니다.

여러 가지 영상 매체를 본 분들은 여기서 좋다 하면 그것대로 따라 하려 하고, 저기서 좋다 하면 또 그것대로 따라 하려고 합니다. 좋다고 하는 신발은 다 가지려 하기도 하지요. 자신의 훈련 상태와 체형, 주법은 고려하지 않고 타인이 좋다고 하는 것에 휩쓸리는 분들에게 강하게 지적을 하기도 했었습니다.

그랬더니 섭섭함을 토로하셨습니다. '내 돈으로 사는데 왜 뭐라고 하냐'는 볼멘소리를 들을 때는, 가끔은 이러지 말아야지 생각이 들지만 아무래도 정확한 지적이 필요할 때는 강하게 이야기를 하는 수밖에 없습니다. 부상을 예방하고 건강한 운동을 하는 데 반드시 필요하기 때문입니다.

수업 때 가르쳐주어도 자신의 고집으로 돌아가고, 그러면서도 계속 수업에 나와 배우면서도 또 다시 고집으로 돌아가는 분들을 도돌이표처럼 겪으며 이후부터는 분명하고 강하게 지적을 하기 시작했습니다.

만약 제가 전문 러너를 지도하고 있거나 선수 은퇴를 한 지 얼마 안 된 시점이었다면 분명 필요 시 주저 없이 강하게 지적했을 겁니다. 그러나 취미로서의 러닝이기에 화를 내면서까지 지적할 필요는 없다고 생각하게도 되었지만, 역시 강한 지적이 필요한 때는 있더군요.

반면에 아주 느슨한 관계성이 필요한 때도 있어요.

한번은 이런 일이 있었습니다. 평소 활달한 분이어서 농담으로 "자세 왜 그렇게 하세요!" 큰소리로 지적한 적이 있어요. 그분은 유쾌하게 웃으며 좋아하셨는데, 겉으로는 웃고 있지만 사실 속으로는 민망할 수 있다는 것을 그때는 몰랐습니다.

나중에 그분이 그때는 사실 좀 민망했다고 따로 이야기를 해주고서야 알았습니다. 정신이 번뜩 들었어요. 분위기를 띄운다고 한 나름으로의 노력이었지만 그분이 제게 이야기해주지 않았다면 저는 좋은 분위기로 이끌었다고 착각했을 수 있습니다.

이후로는 바꾸었으면 하는 점이나 가르쳐야 할 것이 있어도 즉각 '하지 마세요'라고 말하지 않는 편입니다. 대신 한 발 떨어져 지켜보는 편을 택합니다. 전문 마라토너나 국가대표가 아닌, 취미로서의 달리기이므로 달리기로 인해 그분의 인생이 더 나아지고 삶이 즐거워지는 수단이 되면 좋다고 생각합니다. 그러기 위해서는 좋아하는 마음을 끝까지 유지할 수 있도록 돕는 것도 코치가 지녀야 할 주요한 자세 중 하나입니다.

불안요소가 강한 분의 경우에는 상담하는 것만으로 편안한 상태가 되기도 합니다. 실력이 마음처럼 따라오지 않을 때 멘탈을 강하게 하기 위해 도움을 요청하시면 몇 마디 나누는 것만으로 좋아지시고는 하지요.

좋은 지도를 위해 무관심이 필요한 때도 있습니다. 무관심은 모르는 척하거나 외면하거나 애정이 없는 것이 아닙니다. 그 사람을 향한 온도는 그대로 두되 집중의 방향을 다른 곳으로 잠시 옮기는 것이지요.

어디 달리기에서만 그럴까요? 살아가며 우리는 다양한 곳에서 다양한 시기에 다양한 사람들을 만나게 됩니다. 여러 관계성 속에서 각자의 성향대로 살아가되 타인과의 조화를 이루어내어야 하지요.

강하게 대해야 할 때는 강하게, 적당한 긴장감이 필요할 때는 긴장을 둔 채로, 천천히 발전하는 관계는 천천히 진행해야 함을 배웁니다. 사람을 만나면 만날수록 깨닫게 됩니다. 사람 관계도 인터벌러닝 같다고 말입니다.

빨라진다기에 인터벌 운동을
무작정 따라 했다가
부상을 입었습니다.

'빨라질 수 있다'는 이야기를 듣고 무작정 인터벌 훈련을 했다가 쉽게 부상을 입는 분들을 적지 않게 봅니다.

'빠르게 달리다가 천천히 뛰다가를 반복하면 되겠지.'

이렇게 짐작하고 자신의 몸 상태는 크게 고려하지 않은 채 인터넷 등에서 쉽게 볼 수 있는 짧은 정보에 의지해 따라하는 경우가 많습니다.

> ## 다양한 인터벌 훈련 중
> ## 나에게 맞는 훈련을 한다

인터벌 훈련에도 다양한 방법이 있습니다. 단순히 목표 시간대나 페이스에 맞추어 따라 뛰어서는 부상을 입을 확률이 높습니다. 훈련에 있어서 명심해야 할 첫 번째는 모두에게 일관되게 적용되는 최고의 훈련법은 없으며, 각자 자신에게 맞는 훈련방법을 찾아서 적용하는 것이라고 앞서 말한 바 있습니다. 인터벌 훈련도 단연 그렇습니다.

인터벌 운동은 고강도 운동 사이에 불완전한 휴식을 넣어 반복하는 신체 운동입니다. 몸의 피로가 충분히 회복되기 전에 다시 운동을 병행함으로써 운동지속능력을 높이려는 훈련 방법이기도 합니다.

이 훈련 방법은 1930년대에 고안되었습니다. 1952년 헬싱키올림픽에서 체코슬로바키아의 육상영웅이라 불리는 에밀자토펙이 5000m와 10000m 경기에서 우승을 하며 효과를 증명하게 되었습니다. 이후 이 운동을 통해 기록 단축이 일어나고 스피드 향상이 이뤄지고 있어 육상과 수영에서 선수들이 꼭 하는 훈련법이기도 합니다.

낮은 강도에서 시작해서 높은 강도로 올려가자

강도 높은 운동을 통해 생기는 산소부채 상태가 안정 시 상태로 회복되기 전에 다시 운동을 하기 때문에 최대심박수와 근력이 향상하고 산소부채능력이 향상합니다.

운동 강도는 사람마다 차이가 있기 때문에 심박수, 반복 횟수, 속도 등에 따라 보통 본인 최대능력의 70~80% 범위에서 운동강도를 정합니다. 휴식시간과 세트, 거리를 다양하게 경험할 것을 추천합니다.

본인의 기록, 다음날 훈련으로 연결할 수 있는지 여부, 부상은 없는

지 등을 고려해서 낮은 강도에서 시작해서 높은 강도로 올려갑니다. 각자 신체 상태와 강도에 따라 다양한 인터벌 훈련 방법이 있으니, 자신에게 맞는 방법을 단계별로 시행해보시기를 추천합니다.

인터벌 운동이 처음이라면
거리보다 시간 위주로 훈련해보자

인터벌 운동은 100m부터 5000m까지 다양한 거리를 속도와 휴식 시간을 고려해서 진행됩니다. 인터벌 운동을 처음 시도한다면, 거리보다는 시간을 먼저 정하고 달려보세요. 예를 들어 20초 빠르게 달리고 20초 휴식하기, 20초 빠르게 달리고 40초 휴식하기를 5~10회 반복해보세요. 물론 인터벌 운동전 웜업운동은 20~30분 정도 선행되어야 합니다.

시간으로 반복하기를 했다면, 다음으로 거리를 정해서 달려보세요. 앞서 언급한 내 최고 속력 70~80% 범위 내에서 속도를 설정해야 합니다. 가령 100m를 빠르게 달리고 100m는 심박수를 다운시켜주는 회복 구간으로 정하고 달리는 것입니다. 이를 5~10회 정도 반복해보세요.

인터벌 운동은 기록 단축에 도움되는 훈련임과 동시에 부상을 입을 수 있는 난이도가 있는 훈련입니다. 일주일에 1회 또는 2회 정도 훈련계획에 추가하는 것을 추천합니다. 혼자 하는 것보다 실력이 비슷한 러너와 함께한다면 쉽게 포기하거나 나약해지지 않을 것입니다.

회사에서 잘리고
100kg 넘게 살찐 그를
바꾼 한 걸음

> 책임을 회피하는 것은 쉽지만
> 책임 회피의 결과를 회피할 수는 없다.
>
> _ 조시아 찰스 스탬프(Josiah Charles Stamp, 영국의 사업가)

"오늘은 보여드릴게요!"

이제 2년차 러너가 되는 그는 이 말을 입버릇처럼 했습니다. 그의 목표는 풀코스마라톤 3시간 내 완주입니다.

SNS에서 화제가 된 마라톤 대회 영상이 하나 있습니다. 결승선에서 굴러서 들어온 러너를 담은 영상입니다. 결승선 바로 앞에서 더 이상 뛸 힘이 없어서 온몸으로 굴러서 들어온 사람이 바로 그입니다.

영상 속에는 쉰 목소리로 "가자!"라고 힘껏 응원하는 소리도 담겼는데, 저는 그 영상과 목소리를 들으면 지금도 눈물이 줄

줄 흐릅니다. 그가 얼마나 노력했는지, 그를 향한 응원이 얼마나 진심 어린지 알기 때문이지요.

지금은 날렵한 몸매이지만, 사실 그는 100㎏에 육박하는 체중을 지녔었습니다. 코로나19 여파로 다니던 회사에서 잘리고 외출도 제한되자 살이 급격하게 쪄 '확찐자'가 되었죠.

집에서 시간을 보내던 어느 날, 우연히 무라카미 하루키가 쓴 책《달리기를 말할 때 내가 하고 싶은 이야기》를 읽게 되었고, 관심은 마라톤 유튜브 영상으로 이어졌습니다. 마음이 동했습니다.

'이대로 있으면 건강을 해치겠다.'

그 후 매일 달리기를 시작했습니다. 그전에도 한 번씩 뛰긴 했지만 2~3㎞ 정도였고 장거리를 뛰어본 적은 전혀 없었습니다. 처음부터 매일 10㎞를 달려보고 싶었지만 연습 없이는 쉽지 않았고 매일 5㎞부터 달리기 시작했습니다.

2~3달 만에 살이 10㎏가 넘게 살이 빠지자, 다시 인생에 자신감이 생겼고 일도 시작하게 되었습니다. 비가 오나 눈이 오나 회식이 있어도 달리기를 단 하루도 거르지 않았어요. 3달차부터는 매일 10㎞를 달릴 수 있게 되었지요.

매일 달리기를 4달쯤 했을 때, 처음으로 하프마라톤 거리를 뛰면서 어쩌면 풀코스마라톤에 출전해 완주할 수 있을지도 모르겠다는 생각이 들었습니다. 그때부터 3시간 안에 풀코스마라톤 완주를 목표로 준비하기 시작했습니다.

여름 내내 주말마다 공원 트랙에서 모르는 사람들과 경쟁하며 꽤나 열심히 달렸습니다. 가을에 접어들어 날씨가 시원해지니 달린 지 약 9개월 만에 10km를 39분에 뛸 수 있게 됐습니다.

살면서 무언가를 꾸준히 해본 적도 없었고 열심히 해도 결과가 좋지 못했던 적도 많았는데 달리기는 매일, 매주, 매달 정직하게 성장하니까 달리는 그 순간만큼은 스스로가 특별한 사람이 되는 느낌이 들었습니다.

힘든 일상을 버틸 수 있었고 인생을 대하는 태도를 변화시킬 수 있었습니다. 두렵지만 포기하지 않고 다시 시작하겠다는 마음가짐을 배울 수 있었습니다.

그는 지금 자신의 환경에서 이것보다 더 열심히 할 수는 없다 생각이 들 정도로 최선을 다해서 대회를 준비했습니다.

그러나 경기 때 주로를 달리다 보면 알게 됩니다. 자신이 그날 그 대회에서 목표를 달성할 수 있을지 없을지에 대하여 말이지요. 도무지 달릴 수가 없어서 온몸으로 굴러서 결승선을 통과하던 날 그도 달리는 중간에 알았다고 합니다. 목표를 달성할 수 없다는 것을요.

원하는 목표가 이루어지지 않음을 분명히 알았지만 그래도 최선을 다해 달려 완주했습니다. 다리가 말을 듣지 않자 몸을 굴려서라도 완주했습니다.

'목표 달성을 하지 못한다'는 결말을 미리 알았지만 과정에 충실히 최선을 다했습니다. 얼마나 멋진가요!

그는 3시간 10분으로 그날 경기를 마무리했습니다. 굴러서 들어왔기 때문에 목표 시간인 3시간보다 현저히 늦었을 거라 사람들은 예상하곤 하지만, 일반인 러너로서는 좋은 기록입니다.

그 이후로도 풀코스마라톤을 4번 더 뛰었는데 기록 단축에는 성공했지만 목표 달성에는 모두 실패했습니다. 그러나 성공하였는지 여부와 상관없이 그의 모든 도전이 아름답습니다.

과정에 최선을 다하는 것은 열심히 노력해온 자신에 대한 존중이자 삶에 대한 사랑입니다. 결말을 알지만 과정에 최선을 다할 줄 아는 사람이야말로 진정한 러너이자, 인생을 즐기는 사람입니다.

다시 시작할 수 있는 긍정적인 마인드가 살아가는 데는 반드시 필요합니다. 목표를 분명히 설정하고 최선을 다하되, 결과가 마음 같지 않을 때는 실패에서 배울 수 있어야 합니다. 반성할 것은 반성하고, 배운 것은 가슴에 새기고, 잘한 것은 칭찬할 줄 알아야 합니다.

목표 달성에 실패했다면, 다음번에 더 잘하면 됩니다. 자기 욕심을 위해서 달리는 것이 아니라 자신의 건강과 즐거움을 위해서 달린다고 생각하면 됩니다. 처음 시작했을 때처럼 말입니다.

이 글을 읽는 여러분께서도 과정을 거름으로 삼고 담대하게 나아가시기를 진심으로 응원합니다. 각자의 목표를 즐겁게 이루시기를, 그리고 설사 목표를 달성하지 못한다 하더라도 선물과도 같은 매순간을 즐길 수 있으시기를 진심으로 응원합니다.

'더 빨리'보다
'더 사랑하기'를
택하자

문제는, 목적지에 얼마나 빨리 가느냐가 아니라
그 목적지가 어디냐에 있다.

_ 메이블 뉴커머(Mabel Newcomber, 경제학자)

아식스에서 근무할 때의 일입니다. 무더웠던 어느 날 이른 아
침부터 매장으로 누군가 들어왔습니다. 막 운동을 마친 듯 땀
을 흠뻑 흘린 채였습니다. 다부진 체격과 반짝이는 눈빛을 가
진, 한눈에 봐도 건강한 청년 느낌이 물씬 났습니다.

"더우시죠? 물 한 잔 하세요."

"저도 달리기 배우고 싶은데 어떻게 하면 될까요?"

대화를 나누어보니 참 진지하고 예의 바른 사람이라고 느껴
졌습니다. 우연히 매장에서 마주친 이후로 그와의 인연은 시작
되었습니다. 토요일 아침마다 한강을 뛰었고, 주중 저녁에도 함

께 달렸습니다.

그와 달리기를 하면 참 즐겁습니다. 맑은 정신에 깃든 건강한 달리기를 지향하는 태도가 올곧고 바르기에 주변 사람들에게도 좋은 기운이 전해집니다.

풀코스마라톤을 3시간에 완주할 만큼 좋은 기량을 갖고 있던 그인데, 어느 날 달리기 무대를 로드가 아닌 산으로 옮겼습니다.

이유는 이렇습니다. 즐거움이던 마라톤이 어느 순간 부담이 되어 있었다고 합니다.

"다음 대회 때는 얼마나 더 빨리 완주할 거야?"

훌륭한 기록을 냈음에도 주변에서는 늘 '더 빨리'를 기대했습니다. 기록으로만 평가받는 것 같아 달리기가 이전처럼 즐겁지가 않았습니다. 기록을 단축해야 한다는 압박감이 생기기 시작했습니다. 주위의 기대에 맞게 목표를 설정해야 될 것 같은 부담감이 그를 산으로 가게 만들었습니다.

산은 시시각각 달라지는 지형 변화에 따라 풍경도 발걸음도 달라집니다. 속도가 빨라지고, 느려지고, 또 회복하기를 반복하면서 달리기의 또 다른 매력을 발견했습니다. 숨 막히는 오르막을 오르고 나면 시원하게 내지를 수 있는 내리막이 펼쳐지는 매력 가득한 트레일러닝에서 즐거움을 찾은 것입니다.

산을 달리다 보니 산을 사랑하게 되었습니다. 사랑하면 보인다고 하지요. 이전까지는 관심을 두지 않았던 환경 문제가 보였습니다. 사람들의 편의를 위해 케이블카가 세워졌고 그 과정에서 수많은 나무가 베어져나갔으며 생태계가 파괴되었습니다. 훼손되는 자연이 너무나 안타까웠습니다.

산이 좋아 그 너른 품 안에서 오래오래 달리고 싶은 그는 환경운동도 함께하고 있습니다. 설악산케이블카반대운동을 하고 있고, 비건을 지향하며 동물보호운동도 하고 있습니다.

기록 욕심 없이 시작한 트레일러닝이었는데, 재미있게 달리다 보니 상위권에 올라섰습니다. 어느새 그는 대한민국을 대표하여 해외 트레일러닝대회에 나가고 있습니다.

트레일러닝에서도 기록을 추구하게 되었는데 그 점은 부담으로 다가오지 않는지 궁금해 질문했습니다. 그는 대답합니다. 트레일러닝은 오르막에서는 걸으면 되고 내리막에서는 속도를 즐길 수 있어 재미있다고요.

마라톤 대회에서는 페이스를 일정하게 유지하며 달려야 합니다. 걸으면 포기한 것과도 같이 여겨지지요. 그러나 트레일러닝은 걸어도 됩니다. 그래서 부담감이나 압박감이 적다고 합니다. 그리고 무엇보다 재미있다고요.

자연을 달리다 보면 단단하고 푸르른 갖가지 나무가 눈을 즐겁게 하고, 비가 올 땐 습기 가득 품은 숲 속 향기도 정말 좋습니다. 자연이 주는, 지형지물이 주는 즐거움이 있습니다.

저는 트레일러닝 경험은 많지 않아 정확히 그 마음을 알 수 없지만, 아마도 여행지에서 러닝을 할 때와 비슷한 마음이 아닐까 생각합니다.

그는 100km 트레일러닝 대회에서 1위를 목표로 준비했습니다. 종목 최고가 되겠다는 포부이지요. 그 혹독한 과정에서 늘 저를 생각했다고 합니다.

'감독님도 이렇게 힘든 시간을 보냈겠지.'

너무나 힘들어서 당장이라도 멈추고 싶은 마음이 들 때면 저 또한 그 과정을 겪었을 거라고 생각하며 이겨내자고 마음을 다잡았다고요. 1위라는 목표를 달성하기 위해서 어떻게 훈련을 해야 하는지 도우면서도 저는 이 말을 꼭 잊지 않습니다.

"몸 챙겨야 해! 아프면 좀 쉬고, 너무 서두르지 말자."

쉼 없이 앞만 보며 나아가는 그의 성향을 잘 알기 때문입니다.

"저는 자연에서 마음껏 뛰어 놀아요. 그래서 자연을 지키고 싶어요."

달리기를 통해 주위에 긍정적인 마음가짐과 강한 정신력을 전파하고 있는 그는 선한 영향력을 널리 발휘하고 있습니다. 매사 성실하게 정진하고 자신의 목표를 향해 소신을 굽히지 않으며 나아가는 사람은 참 아름답습니다.

가르치고 대화를 하면서도 그와 교훈적인 이야기가 오고간 기억은 그다지 없습니다. 자연스러운 대화와 태도 속에서 우리는 서로에게 선한 영향력으로 작용하고 있었습니다.

오늘 나의 말 한마디와 행동이 다른 누군가에게 어떤 영향력이 될지 모릅니다. 그 영향력이 어디에서 어떻게 또 발휘될지 알 수 없지요. 그래서 우리는 서로의 열정과 노력을 진심으로 응원해야 하는 건지도 모르겠습니다.

실력을 증명하듯
대회에 참가하다 보니
자신감이 떨어집니다.

대회는 대학입시처럼 평가를 받고 합격과 불합격을 가려내는 자리가 아닙니다. 자신의 실력을 점검한다는 생각으로 임하면 좋습니다.

성취감을 얻기도 쉽지만
위축되기도 쉽다

'운동하여 체력이 좋아졌고 삶이 풍요로워졌으니 실력도 한 번 점검해보자'는 겸허한 태도가 필요합니다. '나의 발전된 모습을 어디 한 번 보여주겠다' 하며 대회를 통해 자신을 증명이라도 하듯 보여주기식 달리기를 지양합시다. 그러면 성취감을 얻기도 쉽지만 반대로 위축되기도 쉽습니다.

꾸준히 하면 훈련단계는
자연스럽게 올라간다

꾸준히 하기만 해도 훈련단계는 올라갑니다. 몇 번의 고비를 넘기면서 자연스럽게 몸이 변화하기 때문이지요. 자신을 믿고 꾸준하고 성실한 실천이 필요합니다. 그러므로 일희일비할 필요가 없습니다. 노력보다 더 좋은 결과가 나타났을 때는 '지난 훈련이 몸에 쌓여 있다가 발휘하는구나' 감사해하고, 노력했는데 결과가 기대보다 안 나왔을 때는 너무 큰 실망을 하기보다 '꾸준히 하다 보면 봄날의 꽃처럼 때가 되면 만개하리라' 생각하면 좋습니다.

요행을
바라지 않는다

6~7위권에 있던 선수가 어느 사이에 상위권으로 올라설 때가 있습니다. 그 선수는 갑자기 기량이 좋아진 것이 아닙니다. 꾸준히 해왔기에 기회가 왔을 때 기량이 폭발하듯 겉으로 드러난 것입니다. 꾸준함이 가장 좋습니다. 갑작스럽게 훈련량을 늘리는 식으로 운동하면서 좋은 결과를 바라는 것은 요행입니다. 꾸준한 자신을 믿고 실천하면 됩니다. 놀랍게도 그렇습니다. 세상만사의 일처럼 달리기도 마찬가지입니다.

가족이 함께
성장할 수 있는
최고의 운동

행복한 가정은 미리 맛보는 천국이다.

_크리스토퍼 R. 브라우닝(Christopher R. Browning, 미국의 역사학자)

달리기 훈련을 하는 날이면, 부모님을 따라온 아이들도 종종 눈에 뜨입니다. 유치원생 어린이부터 중고등학생까지 나이대도 다양하지요.

아이들은 어른들 틈에서 준비운동을 함께하기도 하고 엄마, 아빠 옆에서 슬며시 달려보기도 합니다. 스마트폰만 연신 들여다보던 아이도 엄마, 아빠가 구슬땀을 흘리면서 달리는 모습을 흘낏흘낏 쳐다보는가싶더니 어느새 자연스럽게 몸을 움직여봅니다. 그 모습이 참 멋지고 귀엽습니다.

"달리니까 좋아? 다음에도 올 거야?"

질문하면 수줍음이 많은 아이도 쭈뼛거리다 대답하곤 합니다.

"네, 다음에도 올게요."

그 아이에게 운동은 좋은 기억으로 남습니다.

엄마와 아빠가 뛰니까 아이가 뛰고, 아내가 뛰니까 남편이 뛰는 가족을 많이 봅니다. 긍정적인 분위기가 가족 전체로 훈훈하게 퍼져나가는 것입니다.

아이들은 달리기를 통해 사회성을 배웁니다. 어른에 대한 두려움을 없애는 좋은 수단이 되기도 합니다. 달리기 모임에 오면 어른들이 많고 아이는 적으니 관심이 한꺼번에 쏟아지기도 하는데, 보통 처음에는 수줍어하거나 무서워하기도 하지만 점차 대화의 물꼬를 트면 마음의 문을 열고는 합니다.

어릴 때부터 어른들과 함께하는 자리에 자주 동석해본 아이일수록 어른에 대한 막연한 두려움이 적고 자신의 의견도 잘 말하는 경향이 있는 것 같다 느낍니다.

부모의 사회적 테두리에 자녀가 자연스럽게 어울리면서, 부모와 자녀 사이의 관계성도 긍정적인 방향으로 재정립되기도 합니다. 부모가 타인과 관계 맺는 방식을 곁에서 보고 배우며 아이의 사회성도 길러지는 것이지요.

함께 달리기를 배우러 오는 모녀가 있습니다. 어느 날, 마라톤 대회에서 엄마와 친한 분들 그룹에 딸도 함께 끼어 뛰게 되었습니다. 딸은 엄마 친구 분들이 호위무사처럼 페이스메이커 역할을 해주어 참 좋았다고 합니다.

가족 중 한 명만 러너였는데 어느새 가족 모두가 러너가 된 가정도 많습니다. 아빠가 달리기를 좋아하니 곁에서 지켜보던 아내도 달리기를 시작했습니다. 주말마다 대회에 나가는 엄마, 아빠를 따라 아이들도 어느덧 10km를 거뜬히 뛸 수 있게 되었습니다. 이 가족은 얼마 전 마라톤 대회에서는 가족사진을 크게 출력해서 등 뒤에 붙이고 대회를 완주하기도 했지요.

달리기는 의외의 자리에서 효과를 발휘하기도 합니다. 부모를 따라 10km 대회를 완주한 아이가 학교에 가서 선생님께 자랑했다고 합니다. 그런데 선생님도 달리기를 즐겨하는 사람이었던 겁니다. 엄마, 아빠의 달리기 실력에 선생님이 놀라워하고 관심을 가지자 평소 선생님과 다소 거리감이 있던 아이는 벽을 허무는 계기가 되었습니다. 선생님과 만들게 된 공통의 관심사가 아이에게는 크게 작용하였고 이후 학교생활도 좋아지고 자신감도 키우는 계기가 되었다고 합니다.

가족 간의 정을 더욱 두텁게 만드는 경우도 많습니다. 남편은 꽤 오래 전부터 달리기를 해왔지만 아내는 그동안 줄곧 달리기에 시큰둥한 반응이었습니다. 남편이 주말마다 운동하러 나가면 가족과 시간을 보내지 않아 불만을 토로한 적도 있었지요. 그런데 대회에 따라나선 어느 날, 남편이 페이스메이커가 되어 다른 사람들을 끌어주는 모습에 아주 긍정적인 인상을 받은 아내도 덩달아 달리기를 하기 시작했습니다.

아내는 남편과 함께 연습을 열심히 하였고 얼마 전 풀코스 마라톤에도 완주하였습니다. 결승선에서 엄마와 아빠가 감격하면서 기쁨의 눈물을 흘리고 포용하는 모습을 본 아이들도 이제는 엄마, 아빠가 달릴 때 조금씩 참여하고 있습니다.

부모가 술을 마시고 늦게 오지도 않고 가족과 건전한 취미 생활을 이어가며 솔선수범하니 그 모습이 아이들에게도 긍정적으로 작용합니다.

자녀들이 엄마와 아빠에게서 영향을 받기도 하지만, 자녀들끼리 서로 전파하고 함께 취미생활을 이어가기도 합니다. 줄곧 달리기를 함께하고 있는 삼 남매가 있습니다. 첫째는 얼마 전 세무사 시험에 합격했고 둘째는 이미 몇 년 전에 세무사 시험에 합격해서 개업까지 한 세무사 남매이기도 합니다.

"달리기가 집중력을 키워주고 자존감을 높여줘서 수험생활을 잘 이겨낼 수 있었어요."

삼 남매 모두 참 잘 달립니다. 첫째와 막내는 풀코스마라톤을 3시간 이내에 완주하는 실력자고, 삼 남매 중 가장 늦게 시작한 둘째도 4시간 초반으로 풀코스마라톤을 완주했습니다. 달리기에 대한 열망이 강한 만큼 질문도 많은 삼 남매를 볼 때마다 저도 모르게 흐뭇한 마음이 되고는 합니다.

달리기가 가족 안에 스며들면 자연스럽게 건강한 기운이 샘솟습니다. 서로를 응원하고 존경하는 마음이 싹틉니다. 긍정적인 분위기가 집안을 맴돌고 부지런한 생활패턴이 생겨납니다. 집안의 공기를 바꿔보고 싶다면, 운동화를 신고 함께 발걸음을 옮겨보면 어떨까요?

마무리 운동
꼭 해야 할까요?

여러분은 달리기를 마무리한 뒤, 혹은 대회가 끝난 후 스트레칭을 하시나요? 앞서 준비운동의 필요성에 대해 강조하였습니다만, 준비운동이 중요하듯이 마무리 운동도 중요합니다.

스트레칭을 하는 과정에서 몸에 쌓인 젖산과 피로를 풀 수 있고 관절이 유연해지니 마무리 운동은 꼭 챙겨서 하기를 부탁합니다. 스트레칭 이외에도 사우나에서 냉탕과 온탕을 오갈 때나, 미온수로 샤워하는 동안에도 회복이 일어납니다.

귀찮다고, 피곤하다고 마무리 운동을 생략한다면 다음 날 근육의 깨임이 늦어질 수 있습니다. 준비운동을 생략했을 때보다 부상의 위험이 더 높아질 수 있습니다.

거창하지 않아도 됩니다. 간단한 패턴을 익혀 습관화하면 몰라보게 몸이 개운해짐을 느낄 수 있습니다.

마무리 운동으로
몸에 남은 피로를 정리한다

달리기가 끝난 후 10분~15분 정도를 마무리 운동에 소요해주세요.

여름에는 찝찝한 마음에 빨리 샤워하고 싶어서, 겨울에는 빨리 따뜻한 곳에서 몸을 녹이고 싶어서 마무리 운동을 생략하고 있으신가요? 그렇다면 샤워를 하고, 몸을 녹이고 마무리 운동을 해도 됩니다. 오히려 쾌적한 환경, 따뜻한 환경에서 진행하면 스트레칭을 더 꼼꼼하게 할 수 있고, 근육 하나하나 회복할 수 있어 좋습니다.

물론 운동이 끝난 후 그 자리에서 최소한의 스트레칭을 하고 난 다음 실내에서 위의 방법으로 진행하는 것이 최우선이라는 것도 알아주세요.

마무리 운동은
다음 운동을 미리 돕는다

마무리 운동은 다음 번 운동을 매끄럽게 할 수 있도록 합니다. 근력운동을 하거나 다이어트를 위해 운동을 하는 분들이 자주 하는 이야기 중 '운동의 끝은 먹는 것까지'라는 말이 있습니다. 운동을 하는 것도 중요하지만 식단까지 잘 챙겨야만 운동의 효과를 제대로 볼 수 있단 의미겠지요. 달리기에서도 '달리기의 끝은 마무리운동까지'라고 여기면 좋겠습니다. 빠트리지 말고 꼭 해주시기를 당부합니다.

혼자는 자유롭고,
함께하면
더 멀리 더 빠르게 간다

서로 떨어져 있으면 한 방울에 불과하지만
함께 모이면 우리는 바다가 된다.

_ 류노스케 사토로(Ryunosuke Satoro, 일본 소설가)

달리기는 개인운동이라고 하지만 여럿이 함께 달릴 때 받을 수 있는 에너지는 어마어마합니다. 특히 장거리 달리기에서 그렇습니다. 함께 팀을 이루어 달리면 상대방을 경쟁자가 아닌 어려움을 함께 헤쳐나가는 동료로 대하게 됩니다. 특히 선배들의 존재는 더욱 그렇습니다.

저는 선배의 존재가 주는 힘을 실업팀에 입단했을 때 절실히 깨달았습니다. 코오롱마라톤팀은 제 첫 직장입니다. 여자 마라톤의 최고 실력자가 있는 곳이자, 올림픽게임 마라톤 우승자가 있어 최고의 명문팀이라고 불리는 곳이었습니다.

코오롱마라톤팀 숙소는 고(故) 정봉수 감독님과 황영조 선배가 있는 메인 숙소, 이봉주 선수가 있는 남자 선수들 숙소, 그리고 여자 선수들 숙소 이렇게 세 개의 동으로 이루어져 있었습니다. 메인 숙소에는 식당이 있어서 남녀 전체 선수가 한데 모여 식사를 했습니다.

황영조, 이봉주, 김이용, 김완기… 그 당시 마라톤의 중심을 이루고 있던 쟁쟁한 선배들과 첫 대면이 이루어진 곳은 식사장소였습니다. 입단하고 식사를 하던 그 첫 대면이 얼마나 부끄럽고 어색했는지 모릅니다.

갓 20살이 된 저에게 선배들은 우러러보는 큰 나무 같았습니다. 함께 식사를 하는 그 자리에서 다짐했습니다. 나도 꼭 선배들의 길을 뒤따라가겠다고 말입니다.

실업팀 1년차이자 첫 직장생활은 긴장 그 자체였습니다. 실력으로 인정받기 위해 전진하였고 그로서 제 존재를 감독님과 코치님에게 각인시켜야 했습니다.

저와 함께 입단한 친구는 저보다 실력이 좋았고 전국대회 입상경력도 훨씬 좋았습니다. 우선 그 친구에게 뒤처지지 말아야 했고 그 친구만큼 실력을 키워야 했습니다. 그렇다고 경쟁만 하는 사이는 아니었습니다. 우리 둘은 좋은 친구였고 든든한 버팀목이었고 선의의 경쟁자였습니다. 실력이 대단한 선배

들이 함께 있었기 때문에 그 선배들의 길을 그대로 따라가려
노력할 뿐이었습니다.

선배와 함께 달리면서 포기하지 않는 법을 배웠고, 선배 뒤
를 쫓으며 한 걸음이라도 따라 붙을 수 있는 실력을 키우려 노
력했습니다. 선배들의 생활습관, 운동루틴, 훈련과정을 따르며
나와의 싸움에서 이겨야 했습니다.

보통 새벽 5시에 일어나 새벽운동을 하곤 했습니다. 그런데
이봉주 선배는 언제부터 일어났는지, 다른 선수들이 5시에 일
어나 나가보면 새벽 바람을 가르며 한참을 달리고 있었습니다.

선배를 보며 번뜩 정신을 차렸습니다. 새벽 5시에 겨우 일
어나고, 조금이라도 더 자고 싶다는 생각만 하는 제가 부끄러
웠습니다. 가끔 비라도 내리면 운동 쉴 수 있어 좋아라 했는데
이래서는 국가대표라는 타이틀을 달 수 있을까 반성했습니다.

옆에서 달리고 있는 선배들을 보며 저 자신을 더 채찍질했
습니다. 당장 어떤 거대한 목표 달성보다는 선배들에게 떨어지
지 말아야지, 한 바퀴라도 더 따라붙어야지 인내했습니다.

실업 1년차 때 긴장감이 무뎌지면서 현실의 제 모습이 안쓰
러워 눈물을 흘린 적이 있습니다. 고등학교만 졸업하면 친구들
과 여행도 가고 예쁘게 화장하고 맛있는 음식을 먹으러 이곳저

곳을 누비는 모습을 상상했는데, 현실 속 저는 주말에는 숙소에서 달리기를 하고 있고, 저녁에는 다음날 훈련 걱정을 하며 일찍 잠자리에 들어야 했고, 휴가 때도 운동복 잔뜩 챙겨서 시골집으로 갔고, 늘 훈련 걱정하느라 20대의 풋풋함을 누릴 시간이 없었습니다. 긴장과 훈련에 대한 걱정 없이 하루라도 보내고 싶은 생각이 간절했습니다.

그러나 하루에도 수십 번씩 유혹이 올라치면 선배들을 보며 이겨내곤 했습니다. 내가 선택한 내 길 위에서 어떤 유혹이 있더라도 현혹되지 말고 굳건해져야 한다고 다짐하곤 했습니다. 덕분에 저의 성실함도 빛을 발할 수 있었습니다.

새벽에 쏟아지는 장대비와 함께 40km를 달리며 한국기록을 세울 수 있겠다는 자신감 하나를 획득하고, 비에 젖은 발이 퉁퉁 불어도 해내었다는 뿌듯함 하나를 획득했습니다. 그렇게 하나둘 마음의 힘을 쌓아갔습니다.

이 시기에 실력적으로나 정신적으로 많은 성장을 할 수 있었습니다. 마라톤에 대한 태도와 마음가짐에서 배울 점이 너무나도 많았던 선배들과 함께한 시간은 정말 행복하고 고마운 날들이었습니다.

선배만 따라가면 되었습니다. 선배들만 보고 달린 1년이 있었기 때문에 21년간 보유할 수 있었던 한국기록을 세울 수 있었습니다.

달리기는 혼자 하는 운동이라고들 합니다. 그 말은 반은 맞고 반은 틀립니다.

함께 뛰기와 같이 뛰기는 각각의 장단점이 있습니다.

혼자 뛸 때는 오로지 자신의 몸에 집중할 수 있습니다. 자신이 정한 페이스대로 나아갈 수 있고 자기가 가고 싶은 길로 갈 수 있습니다. 마음대로 코스를 설계하며 주변을 즐기기도 하면서 자유로운 기분을 만끽할 수도 있습니다.

무엇보다 온전히 자신에게 집중하면서 자기의 몸을 익힐 수 있어 좋아요. 이때 몸은 적극적으로 움직이지만 마음은 고요한 상태를 느낄 수 있기도 합니다. '움직이는 명상'이라 표현하는 상태입니다.

그러나 더 빠른 페이스를 경험하고 싶고, 더 멀리 가고 싶다면 같이 뛰기를 추천합니다.

혼자서는 타협을 하기 쉽습니다.

'아, 너무 힘들다. 이만큼만 뛸까…?'

'오늘은 도저히 무리다. 내일 거리 채우자…'

처음 목표로 한 거리와 시간이 있는데도 막상 힘든 지점이 오면 타협을 하고 마는 것입니다. 그러나 함께라면 더 멀리 더 빠르게 가볼 수 있습니다. 힘들어도 함께이니까 조금 더 참을 수 있습니다.

올림픽 금메달리스트이자 2022년 2시간 1분 09초로 당시 공인 세계 신기록을 달성한 엘리우드 킵초게도 혼자 운동하지 말고 그룹에 자기와 비슷한 사람들과 같이 운동을 하라고 조언하기도 했습니다.

실력이 비슷한 사람들끼리 달리면 좋은 경쟁이 됩니다. 페이스가 좋아지고 포기를 하지 않습니다. '실력이 비슷한 저 사람도 하니까 나도 할 수 있다'는 자신감이 붙습니다. 시너지 효과가 납니다.

혼자 뛰기에 익숙한 분이라면 한 번쯤 함께 뛰기의 매력도 경험해보시기를 권합니다. 도무지 여력이 나지 않는다면 대회에 나가 다른 사람들과 함께 뛰는 분위기라도 꼭 느껴보세요. 전혀 다른 달리기의 세계를 알게 됩니다.

운동도 인간관계도,
적당한 거리 두기가
필요하다

누구든 그의 신발을 신고 1마일을 걸어보기 전에는
그 사람에 대해 판단하지 말라.

_ 인디언 속담

운동을 하러 와서 인간관계 때문에 상처받는 분들을 어렵지 않게 만납니다. 운동도 관계도 적당한 거리 두기가 필요합니다.

언젠가 집 앞 헬스장에 갔을 때였습니다. 줌바댄스 프로그램이 있어 궁금한 마음에 신청을 했습니다. 첫 수업을 마치고, 생각보다 재미있어 계속 배워보고 싶다는 마음이 솟았습니다.

두 번째 수업시간쯤 되었을 때, 저만치서 함께 어울려 계시던 분들이 다가와 몇몇 질문을 하셨습니다. "어떻게 오게 되었냐" "리듬을 참 잘 탄다"는 말에 기분 좋게 대답을 하다 보니, 어느 새 질문은 "나이가 몇 살이냐" "결혼은 했냐"는 호구조사까지 나아가 있었습니다.

이제 막 만난 사이라 함께 밥 먹는 것까지는 부담스러웠는데, 뒷풀이로 밥을 먹으러 가자 하시길래 거절을 했습니다.

그러나 한 번은 거절해도 두 번은 거절을 못 하니 다음번엔 어쩌지 못하고 따라 나섰는데, 밥 먹는 자리가 영 어색하고 불편했습니다. 저는 운동을 하러 간 거지 친목까지 원한 건 아니었습니다.

같은 목적으로 운동을 배우러 온 것처럼 보이지만, 각자 중요한 것이 다르기도 합니다. 사람을 만나며 같이 어울리는 것이 더 중요한 분이 있는가 하면, 운동하는 것에 목적을 두고 사사로운 잡담을 싫어하며 뒷풀이를 원하지 않는 분도 있습니다.

함께 '으쌰 으쌰' 하는 분위기가 좋은 분들은 같이 밥도 먹고 친목도 높이기를 바랍니다. 그런 분들은 운동만 하고 쌩 하니 가버리는 사람이 좋게 안 보일 수 있습니다. 반대로, 운동을 하러 왔으니 친목이나 대화보다는 실력을 높이는 데 집중하고 싶다는 분들은 친목을 강요하는 분위기가 부담일 수 있습니다.

어느 것이 좋고 옳다고 할 수 없습니다. 정보를 습득해 실력을 높이는 일만큼이나, 다른 사람과 서로 끌어당겨주고 밀어주며 쌓는 실력도 큰 부분을 차지합니다.

그러므로 관계를 다지는 분이라 해서 실력을 쌓는 데 소홀하다 할 수 없습니다. 자신의 실력을 높이기 위하여 관계를 쌓는 일이, 정보를 습득하는 일만큼이나 그분에게는 중요할 수 있습니다.

본인이 원하는 대로 조절할 수 있도록 서로가 각자의 성향을 존중해야 합니다. 한 가지 방법에 지나치게 깊이 몰두하지 말고 두루 쌓아나갈 일입니다. 함부로 틀렸다 말해서는 안 되며 상대방의 방식에 지나치게 간섭해서도 안 됩니다.

다양한 연령대가 모이는 자리이니 나이가 많다고 해서 아랫사람에게 함부로 반말을 하며 가르치려 들려고 해서도 안 됩니다. 적당한 거리두기가 필요합니다.

대회에 나가면 반가운 얼굴들을 만나곤 합니다. 그중에는 한때 제가 운영하는 러닝클럽에서 열심히 활동하던 분들도 계십니다. 참 반가워서 인사를 하려고 다가가려 하면 못 본 척 피하는 분들이 더러 계십니다. 지금 다른 러닝클럽에서 활동하고 있어 제게 미안한 것입니다. 그 마음을 모르지 않습니다. 그러나 그럴 때마다 슬프고 안타까운 마음이 드는 것은 어쩔 수 없습니다.

다양한 커리큘럼이 존재하고, 사람마다 자신에게 맞는 방식이 있습니다. 옳거나 틀린 것이 아닙니다. 저와 함께 열심히 배우다가 지금은 다른 러닝클럽에 가서 열심히 하고 있다면, 그 소식을 듣는 것만으로도 반갑습니다.

달리기를 여전히 좋아하며 계속 하고 계시다니 너무나 기분 좋은 소식이지요. 우리가 함께 즐겁게 운동했던 시간을 소중하게 생각하며 한때의 만남을 지나가는 인연으로 잊어버리지 않고 반갑게 인사하면 좋겠습니다.

시절인연이라는 말이 있습니다. 억지로 만들려 한다고 해서 사람의 인연은 쉽사리 맺어지거나 끊어지지 않으며, 인연의 시작과 끝도 자연의 섭리처럼 자연스럽게 흘러간다는 말입니다.

함께했던 좋은 시간을 마음껏 만끽하고 즐거워했다면 지나간 인연에 지나치게 집착할 것도 없고 오지 않은 인연에 너무 서운해할 이유도 없습니다.

운동에도 관계에도 적당한 거리 두기가 필요합니다.

상대방을
함부로 대하지 않는
큰마음을 배웁니다

공감은 타인의 마음을 이해하는 첫 걸음이다.

_ 알프레드 아들러(Alfred Adler, 오스트리아의 정신의학자)

며칠 전 30대 아들과 60대 아버지가 함께 달리기를 배우러 오셨습니다. 이제 막 달리기를 시작한 부자였습니다. 실력은 비슷했으나, 아무래도 젊은 아들이 같은 훈련에도 성과는 좀 더 잘 나오고는 했어요.

그날은 남산을 오르내리는 훈련이 예정되어 있었습니다. 상당히 가파르기에 남산을 달리는 코스는 쉽지 않지요. 그런데 앞서 달리던 아들이 자꾸만 뒤를 돌아봅니다. 아버지가 잘 오고 있는지 궁금한 것입니다.

"아버지는 잘 가고 있어요. 제가 잘 확인하고 있으니까 본인은 앞을 보고 뛰세요.”

보기에는 흐뭇하지만 위험할 수 있으니 조언을 건넵니다.

나이 많은 분들에게도 젊은 사람들과 똑같은 훈련 방법을 적용합니다. 나이가 많다고 해서 배려한답시고 훈련 도중에 그만 하라거나 쉬라고 따로 권유하는 것은 배려가 아닙니다. 그분에 대한 실례입니다.

동등한 훈련을 하되 대신 더 꼼꼼하게 체력을 살피고 관찰합니다. 나이를 여쭤보는 이유는 체력적인 면을 고려하여 물어보는 것이지 많은 나이가 문제가 되기 때문에 물어보는 것은 아닙니다.

같은 이유로 운동 빈도나 기록 등 달리기 경력도 자세하게 물어봅니다. 이전에 달린 경험이 충분하다고 하더라도 갑작스러운 운동은 심장 등에 무리를 줄 수 있기 때문에 늘 조심해야합니다. 주의 깊게 관찰하며 조금이라도 몸에 이상이 있다고 하시면 중단하도록 합니다.

지금은 많이 좋아졌지만, 예전에는 산을 달리고 있거나 집 앞 공원을 달리고 있으면 어르신들이 ‘무릎 상한다’라며 한마디씩 하고 가시고는 했습니다. 그만큼 달리기가 무릎에 안 좋다는 오해가 상당히 널리 퍼져 있었어요. 그러나 올바른 자세로 자신의 체력에 맞게 훈련을 하면 무릎에 무리가 가지 않습니다. 오히려 달리기는 골밀도도 높아지게 하고 근력 상태도 좋아지게 합니다. 걷기가 편해지고 오랜 시간 동안 건강하게 삶을 살 수 있는 원동력이 됩니다.

30대 중반 즈음 선수로 있을 때 마라톤 동호회에 일일 이벤트로 코치를 한 적이 있습니다. 50대에서 60대 정도 나이대인 분들이 대부분인 동호회였어요. 저를 이미 알고 계신 분들이 많았는데, 한참 어린 저에게 꼬박꼬박 '권은주 선생님'이라 부르고 존댓말을 쓰며 대우해주셨습니다.

모임에서 어른들을 만나면 상대방을 배려하고 존중하는 큰 마음을 배우고는 합니다. 그분들에게 저는 달리기 선생님으로서 가르치는 입장에 있지만 반대로 제가 그 분들에게 태도와 마음을 배우는 입장이 되고는 합니다. 참 감사한 시간입니다.

나이가 어리다고 해서 함부로 반말을 하지 않고 존중하는 법을 그분들을 통해 익힙니다. 특히 타인을 대하는 존중과 배려의 자세를 본인만 간직하는 것이 아니라 주변에도 퍼트리며 분위기를 만들어주기도 하시는데, 그럴 때마다 깊이 감사하는 마음이 샘솟고는 합니다.

큰마음과 태도를 배우는 한편으로, 서툰 표현에 대해서 생각하는 기회가 되기도 합니다.

일반인을 가르치는 코치가 갓 되었을 때는 혼란이 있었습니다. 선수 때 마음가짐을 버리지 못하고 지나치게 강한 훈련과 책임을 요구했기 때문도 있었지만, 오시는 분들 가운데서도 유독 독특한 분들이 계셨기 때문도 있었습니다.

배우러 오셨으면서 알려드리는 것을 거부하고 '내 몸은 내가 더 잘 안다'는 고집을 꺾지 못하셨습니다. 돈과 시간을 일부러 내어 배우러 오셨다면, 일단 한 번 해보자는 태도라도 있어야 할 텐데 말을 아예 안 들으려 하셨습니다.

'왜 배우러 오셨을까?'

그 의문이 풀리지 않았습니다. 말은 듣지 않는데 매번 꼬박꼬박 오셨기 때문에 의문은 더 커졌습니다.

초창기에는 너무 힘들었습니다.

'말을 듣지 않을 거면서 왜 매번 배우러 오셔서 나를 힘들게 할까?'

많은 사람들을 만나고 나서야 알게 되었습니다. 방법을 알기 위해 배우러 오기도 하지만, 공감과 위로와 인정이 필요해서 오는 분들도 계시다는 것을요.

부상이 있어서 뛰지 마시라고 해도 자꾸 뛰는 분께 "그만 뛰세요"라는 말보다는 "조금 줄여서라도 뛰세요"라는 말이 필요하다는 것을요. "그런 자세로 하지 마세요"라는 말보다 "익숙해

저서 편하게 느껴지는 것일 뿐 다른 자세를 익히고 나면 실력이 더 좋아져요"라는 말이 필요하다고 깨달았습니다.

서로 튕겨내는 관계에서는 성장하기가 힘듭니다. 흡수하는 관계가 필요합니다. 이후로 저는 끌어안고 흡수하는 관계를 택합니다. 사랑에 색깔이 있다면 저마다에게 색이 다른 사랑을 보냅니다. 더 진하고 덜 진하고가 아닌, 더 강하고 약하고가 아닌 그저 다른 색깔인 것입니다.

'마음이 안 맞다'고 튕겨내는 관계에서 흡수하는 관계가 되면 한 사람에게서도 다양한 감정이 생깁니다. 안쓰럽기도 하고 고맙기도 한 양가적인 마음이 들 때도 있습니다.

다양한 사람들을 만나고 가르치면서 사람에 대한 이해심이 넓어졌습니다. 지금까지 배워온 마음에 더하여, 앞으로 배우는 다른 마음이 또 있겠지요.

처음에는 상처받는 자신을 보호하기 위한 방편이기도 했습니다. 너무 괴로웠기 때문에 택했던 흡수하는 사랑법이 이제는 우리들의 관계를 보호하고 있다는 생각이 듭니다.

살아가다 보면 피할 수 없는 관계가 있습니다. 꼭 특정한 사람 때문이 아니더라도, 피할 수 없는 유형의 인간관계를 쌓아야 하는 때도 있습니다. 그럴 땐 튕겨내기보다는 흡수하기를 택해볼 것을 권합니다. 각자의 색깔을 지켜내며 또 다른 색깔을 만들어보는 것이지요. 멋진 색이 탄생하지 않을까요?

나는 할머니가 되어서도
달리고 싶다

어떻게 그 긴 세월 동안 지치지도 않고 달리기를 지속할 수 있냐고 많이들 질문합니다. 그때마다 저는 대답합니다. '달리기가 주는 감사, 여유, 느림의 미학, 기다림 덕분'이라고요. 누군가 느리면 발걸음을 늦추고, 현재에 충실할 수 있음에 감사하고, 컨디션이 좋지 않으면 괜찮아질 때까지 기다렸다가 함께 갈 수 있는 마음의 여유가 있기에 즐겁게 달릴 수 있습니다.

　12살에 달리기를 시작했으니, 선수이자 러너로 살아온 세월이 40년이 넘었습니다. 인생의 절반 이상을 달리며 살아왔어요. 그러나 그렇다고 해서 마라톤이 결코 쉬운 건 아닙니다. 나이가 들수록 체력이 떨어지고, 근력도 약해지고, 회복도 느려지기 때문에 천천히 가더라도 많은 에너지가 소비되고 준비 과정도 필요합니다. 그럼에도 여전히 달릴 수 있다는 사실에 감사합니다. 느려도 됩니다. 꾸준하게 달릴 수 있는 마음이 중요합니다.

저의 꿈 중 하나는 할머니가 되어서도 달리는 것입니다. 몸에도 마음에도 이처럼 좋은 운동을 할머니가 되어서도 계속 할 수 있다는 건, 그만큼 건강하다는 뜻이겠지요. '할머니가 되어서도 달리고 싶다'는 말에는 '할머니가 되어서도 달릴 수 있을 정도로 건강했으며 좋겠다'는 바람이 담겨 있습니다.

다만 한 가지 경계하는 것은 있습니다.

'이 나이에도 나는 풀코스 뛸 수 있어.'

하며 고집을 부리고 싶지는 않습니다. 건강과 여건에 맞게 달리고 싶습니다. 거창하지 않아도 좋습니다.

이 모든 것은, 함께 달리는 사람들 덕분에 깨달을 수 있었던 값진 가르침입니다. 앞만 보고 달려야 할 때는 미처 깨닫지 못했습니다. 빨리 달려야 한다고 자기와의 싸움만 지속했다면 이렇게 즐겁게 오래도록 달리지 못했을 것입니다.

1997년 여자마라톤 한국 신기록을 세웠습니다. 그후 20년

뒤인 2007년에 20주년을 맞아 20명의 러너들과 함께 춘천마라톤을 다시 달리는 이벤트를 열었습니다. 비록 모두가 함께 완주하지는 못했지만 너무나 뜻 깊고 감사한 시간이었습니다. 1초라도 더 빨리 달려야 하는 고통 속 레이스가 아닌 함께 호흡하고, 같이 즐거워하고, 서로가 응원했기에 가능했습니다.

그 시간을 30주년 때도 가지고 싶다고 인터뷰를 할 때 종종 이야기했는데, 그 말을 기억하고 꼭 함께하겠다 하는 사람들이 있습니다.

올해 50대가 된 그녀도 그 중 한 사람입니다. 20년 넘게 워커홀릭으로 살아온 그녀는 인생의 전환점이 필요하다는 생각에 오래도록 몸 담아온 직장을 그만두었습니다. 그러면서 달리기 시작했는데, 달리기의 즐거움에 흠뻑 빠졌습니다.

그러나 그녀의 휴식은 오래가지 못했습니다. 다시 일을 시작하게 되면서, 일과 육아로 인해 운동할 시간조차 내기 어려운 상황이 또다시 시작되었습니다. 그러나 쉽게 포기하지 않았습니다. 일과 운동하는 삶을 습관화해 50대라는 새로운 기점을 맞아 풀코스마라톤에 도전해보리라 다짐했습니다. 그리고 그녀는 2027년 저의 30주년 때 춘천마라톤에서 함께 달리겠다는 꿈을 이루기 위해 오늘도 열심히 달린다고 합니다.

삶은 참 찬란하지만, 때로는 우리를 힘겹게도 합니다. 행복하자고 하는 일들인데 눈코 뜰 새 없이 바쁜 날들이 지속될 때면 이게 다 무슨 소용인가 하는 마음이 들기도 합니다.

그런 날들 가운데 다정한 누군가의 손길은 얼마나 따스한지요. 아무런 계산 없이 각자의 완주를 진심으로 응원하고 기꺼이 함께하겠다 손 내밀어주는 사람들을 생각할 때마다 뜨거운 마음이 가슴 깊이에서 솟구칩니다.

단지 축하받는 자리를 만드는 것이 아닙니다. 함께 달리며 함께 호흡하는 일이 얼마나 감사하고 행복한지 깨닫는 시간입니다. 그 행복함이 많은 사람들에게 전달되는 것은 또 얼마나 벅찬지 더불어 느끼는 시간입니다.

완주가 주는 의미는 저마다 다릅니다. 기록에 대한 목표, 인생의 버킷리스트, 건강 기원 등 다양한 의미를 부여합니다.

저는 이제 기록을 위해 달리지 않습니다. 그러지 않으려고 늘 마음속으로 다짐합니다. 예전에는 선수 권은주가 있었다면 지금은 러너 권은주가 있습니다. 얼마나 좋은 기록을 내느냐보다 달리는 동안 자신에게 집중하고, 환경에 집중하고, 사람들과 소통할 수 있는 시간이 주는 의미는 기록 그 이상의 선물과도 같습니다.

저는 달리기를 정말 좋아합니다. 달리는 순간은 말할 것도 없고, 달리고 난 다음에 느끼는 성취감과 안도감, 그리고 감사함이 좋습니다. 부상이어서 어쩔 수 없이 쉴 때에 느끼는 가라앉은 기분과 달렸을 때에 느끼는 고조된 좋은 기분은 비교조차 되지 않습니다. 두 발을 내딛으면서 거친 숨소리와 발소리와 바람소리와 새소리를 온전히 듣고 있으면 기분이 날아갈 듯합니다. 삶에 감사하다는 생각이 절로 듭니다.

누가 달리고 오라고 억지로 등을 떠미는 것도 아닌데 저는 달리고 싶어서 새벽에 일어나고, 밤늦은 저녁에도 달리고, 뜨거운 여름날 땀을 줄줄 흘리며 달리고, 추운 겨울날 매서운 바람을 가르면서도 달립니다.

한 번도 본 적 없는 사람들이지만 마라톤 대회장에서는 하나가 됩니다. 주로를 가득 메운 사람들의 에너지에서 또 다른 저를 발견합니다. 달리고 있을 때 더 힘이 나는 존재가 됩니다.

이 즐거움을 더 많은 사람들이 누리고 즐겼으면 좋겠습니다. 자신의 몸과 마음을 위해 내는 시간 자체가 우리에게 큰 가르침을 줍니다. 우리는 그 과정을 통해 성장합니다.

당신에게도 즐거움과 성장이 함께하기를 진심으로 응원합니다.

오늘 확실하게 내딛는 발걸음으로

나는 더 단단해진다

과정에 최선을 다할 줄 아는 사람이야말로
진정한 러너이자,
인생을 즐기는 사람입니다.

나의 달리기 일지

RUNNING JOURNAL

달리기와 인생에 관한 기록

◇ 러너 _____의 프로필

- 이름 _____   연락처 _____
- 성별 _____   나이 _____   키 _____   몸무게 _____

1. 러닝을 시작하게 된 계기가 어떻게 되나요?

   _____

2. 레이스에 참가한 경험이 있으신가요?(있다면 참가 부문과 기록을 적어주세요).

   5km마라톤 _____분, 10km마라톤 _____분,

   하프마라톤 ___시간 ___분, 풀코스마라톤 ___시간 ___분

3. 주당 러닝 빈도가 어떻게 되나요? 일주일에 _____일

4. 주당 달린 거리가 어떻게 되나요? 일주일에 _____km

5. 최근 한 달 간 러닝 누적거리가 어떻게 되나요?

    한 달에 _____km

6. 최근 한 달 동안 가장 길게 달린 거리는 어떻게 되나요?

    _____km

7. 선호하는 운동 장소가 있으신가요?(로드, 트랙, 트레일, 흙길,
    러닝머신 등)

    _____

8. 러닝 훈련종류 중 선호하는 훈련이 있나요?(인터벌, LSD, 언
    덕운동, 빌드업 등)

    _____

9. 최근 계획하고 있는 대회가 있나요? 있다면 목표기록은 어
    떻게 될까요?

    대회명: _____ 날짜: _____ 목표 기록: _____

10. 러닝을 하고 달리진 점은 무엇인가요?

    _____

✧ 목표 작성법

왜 달리기를 하는지, 인생에서 무엇을 변화하고 싶은지, 원하는 바를 이루기 위해 어떻게 해야 하는지를 구체적으로 작성합니다. 이는 앞으로 달리기를 하는데 훌륭한 지침이 되어줄 것입니다.

> **! 목표를 적을 때**
>
> 달리기가 인생에 어떤 영향을 주는지 떠올려보세요.
> 그로 인해 가장 이루고 싶은 것이 무엇인지 적어보세요.
> 어떤 때 충만함을 느끼고, 왜 달리는 것이 행복한지 생각해보세요.
> 그 영향력을 어떻게 전달하고 실현할지 생각해보세요.

✧ 다짐	✧ 목표

✧ 출전 마라톤 대회 리스트

마라톤 대회	종목(거리)	날짜	목표

날짜 _____월 _____일 시간 _____시 _____분

날씨(℃) 해 구름 많은비 적은비 눈	훈련강도	체력상태
오늘의 기분 폭소 미소 평정 우울 심각		

목표

신발   착장

총 시간   총 칼로리

목표 거리   달린 거리

평균 페이스   평균 케이던스

오늘의 달리기 기록 사항	나에게 적용할 점

날짜 _____월 _____일   시간 _____시 _____분

날씨(℃) 해 구름 많은비 적은비 눈 오늘의 기분 폭소 미소 평정 우울 심각	훈련강도 ○ ○ ○ ○ ○	체력상태 ○ ○ ○ ○ ○

목표

신발   착장

총 시간   총 칼로리

목표 거리   달린 거리

평균 페이스   평균 케이던스

오늘의 달리기 기록 사항	나에게 적용할 점

날짜 _____월 _____일   시간 _____시 _____분

날씨(℃) 해 구름 많은비 적은비 눈	훈련강도	체력상태
오늘의 기분 폭소 미소 평정 우울 심각		

목표

신발   착장

총 시간   총 칼로리

목표 거리   달린 거리

평균 페이스   평균 케이던스

오늘의 달리기 기록 사항	나에게 적용할 점

날짜 _____ 월 _____ 일   시간 _____ 시 _____ 분

날씨(℃) 해 구름 많은비 적은비 눈	훈련강도 ○ ○ ○ ○ ○	체력상태 ○ ○ ○ ○ ○
오늘의 기분 폭소 미소 평정 우울 심각		

목표

신발   착장

총 시간   총 칼로리

목표 거리   달린 거리

평균 페이스   평균 케이던스

오늘의 달리기 기록 사항	나에게 적용할 점

날짜 _____월 _____일   시간 _____시 _____분

날씨 (℃)	훈련강도	체력상태
해 구름 많은비 적은비 눈	○ ○ ○ ○ ○	○ ○ ○ ○ ○
오늘의 기분		
폭소 미소 평정 우울 심각		

목표

신발   착장

총 시간   총 칼로리

목표 거리   달린 거리

평균 페이스   평균 케이던스

오늘의 달리기 기록 사항	나에게 적용할 점

날짜 _____월 _____일   시간 _____시 _____분

날씨(℃) 해 구름 많은비 적은비 눈 오늘의 기분 폭소 미소 평정 우울 심각	훈련강도	체력상태

목표

신발   착장

총 시간   총 칼로리

목표 거리   달린 거리

평균 페이스   평균 케이던스

오늘의 달리기 기록 사항	나에게 적용할 점

날짜 _____월 _____일   시간 _____시 _____분

날씨 (℃) 해 구름 많은비 적은비 눈 오늘의 기분 폭소 미소 평정 우울 심각	훈련강도 ○ ○ ○ ○ ○	체력상태 ○ ○ ○ ○ ○

목표

신발   착장

총 시간   총 칼로리

목표 거리   달린 거리

평균 페이스   평균 케이던스

오늘의 달리기 기록 사항	나에게 적용할 점

날짜 _____월 _____일　　　　　　시간 _____시 _____분

날씨(　℃)　　　　해　구름　많은비　적은비　눈	훈련강도	체력상태
오늘의 기분　　　폭소　미소　평정　우울　심각		

목표

신발　　　　　　　　　　착장

총 시간　　　　　　　　　총 칼로리

목표 거리　　　　　　　　달린 거리

평균 페이스　　　　　　　평균 케이던스

오늘의 달리기 기록 사항	나에게 적용할 점

날짜 _____월 _____일   시간 _____시 _____분

날씨(℃) 해 구름 많은비 적은비 눈 오늘의 기분 폭소 미소 평정 우울 심각	훈련강도 ○ ○ ○ ○ ○	체력상태 ○ ○ ○ ○ ○

목표

신발   착장

총 시간   총 칼로리

목표 거리   달린 거리

평균 페이스   평균 케이딘스

오늘의 달리기 기록 사항	나에게 적용할 점

✧ 러너 ＿＿＿＿＿＿의 ＿＿＿＿＿＿년 달리기 기록

1년 동안의 달리기를 기록해봅시다. 달리기를 한 날에는 달린 거리를 적습니다. 달리기를 하지 않은 날에는 x표시를 합니다. 빼지는 날을 최소화하고 싶겠지만, 완벽을 위한 기록이 아니라 발전을 위한 기록임을 기억합시다.

월	1	2	3	4	5	6	7	8	9	10	11	12	13	14	15	16	17	18	19	20	21	22	23	24	25	26	27	28	29	30	31
1월																															
2월																															
3월																															
4월																															
5월																															
6월																															

나의 달리기 일지

✧

	7월	8월	9월	10월	11월	12월

- 월별 누적 거리

○ 1월 ○ 2월 ○ 3월 ○ 4월 ○ 5월 ○ 6월 ○ 7월 ○ 8월 ○ 9월 ○ 10월 ○ 11월 ○ 12월

인생에 달리기가
필요한 시간

초판 1쇄 발행 2025년 3월 27일
초판 2쇄 발행 2025년 4월 9일

지은이 권은주

펴낸이 봉선미
마케팅 이혜영
디자인 [★]규
용지 세종페이퍼 **제작** 한영문화사

펴낸곳 리더스 그라운드
출판등록 2023년 6월 20일 제2023-000114호
주소 서울시 중랑구 면목로 92길 27 **이메일** partner@readers-ground.com
ISBN 979-11-987319-3-7 (03190)